全域营销

付费增长与流量变现实战讲义

第2版

王昕玥（聂风）/ 著

电子工业出版社
Publishing House of Electronics Industry
北京·BEIJING

内 容 简 介

在数字化时代，企业要想长期盈利，需要有能在全域市场中持续增长的营销体系来支撑。本书融入了作者在阿里巴巴等互联网企业积累十几年的一线实操经验，从对全域营销概念进行深度解读开始，通过系统实践"五步营销法"展开内容，讲解了如何打通公域流量与私域流量、打通线上与线下消费场景、打通前端渠道与后端供应链、打通用户价值与品牌价值，最终实现企业的经营效率增长、盈利增长、品牌价值增长。

本书适合市场营销入行人群、有 3~5 年经验的互联网运营人员、传统或新兴行业的高管，以及广大创业者阅读，读者可以从书中找到完整、务实的入门路径与提升方法。

未经许可，不得以任何方式复制或抄袭本书之部分或全部内容。
版权所有，侵权必究。

图书在版编目（CIP）数据

全域营销：付费增长与流量变现实战讲义 / 王昕玥著. —2 版. —北京：电子工业出版社，2023.1
ISBN 978-7-121-44611-5

Ⅰ. ①全… Ⅱ. ①王… Ⅲ. ①网络营销 Ⅳ. ①F713.365.2

中国版本图书馆 CIP 数据核字（2022）第 228550 号

责任编辑：张春雨
印　　刷：天津千鹤文化传播有限公司
装　　订：天津千鹤文化传播有限公司
出版发行：电子工业出版社
　　　　　北京市海淀区万寿路 173 信箱　　邮编：100036
开　　本：720×1000　1/16　印张：13.75　字数：262 千字
版　　次：2021 年 3 月第 1 版
　　　　　2023 年 1 月第 2 版
印　　次：2023 年 1 月第 1 次印刷
定　　价：69.00 元

凡所购买电子工业出版社图书有缺损问题，请向购买书店调换。若书店售缺，请与本社发行部联系，联系及邮购电话：（010）88254888，88258888。
质量投诉请发邮件至 zlts@phei.com.cn，盗版侵权举报请发邮件至 dbqq@phei.com.cn。
本书咨询联系方式：（010）51260888-819，faq@phei.com.cn。

推 荐 语

在获得用户流量增长之后，如何实现用户变现增长，这是企业需要面对的问题。我在 10 年前就认识了聂风，那时的他已经拥有很丰富的用户流量变现营销实战经验，操盘过不少优秀项目。这是一本难得的既有系统、全面的全域营销理论，又颇具实操性的用户流量变现手册。要想持续获得用户流量池的变现增长，这本书值得一看。

——杨飞，luckin coffee 联合创始人、《流量池》作者

新媒体+新渠道+新制造+新生代消费群体，一夜之间似乎世界全都变了。身处这个新时代，我们该怎么做营销？这本书会带给我们很多新的启发。

——子柳，《淘宝技术这十年》作者

聂风是我在淘宝网工作时同一个部门的同事，当时的他颇为不羁。当淘宝网尚在经历 PC 的辉煌时代时，聂风已经到去哪儿网拥抱移动互联网的第一波浪潮了。之后

的日子，从偶尔的谈唠中，知道他在各个领域都有实践。相反，我和很多"老人"都在各自的领域中埋头苦干，玩不来短视频，弄不好直播，甚至不知私域流量为何物。当聂风把书稿拿给我看的时候，我才恍悟，"世间已千年"。我相信，这些年来的不断尝试、总结，能够让他积累的知识帮到很多人，帮助大家全面了解这个领域的过去、现在和将来。

——胖胡斐，卖好车 CEO，淘宝网早期营销人，
《玩法变了——淘宝卖家运赢弱品牌时代》作者

增长是重要的事，也是知易行难的事。德鲁克曾说，企业的基本职能只有两个——营销和创新。在移动互联网时代，增长能让营销回归经营本身。聂风的这本书兼具理论高度和实战经验，是增长黑客爱好者不应错过的一本书。

——曾斌，每日优鲜联合创始人兼总裁

我在抖音上有超过 1000 万名粉丝，也是快手财经领域的头部作者。很多人向我讨教取得这些成绩的方法。说实话，我分享的都是浅层次的"术"。如果你想获取"增长"的底层逻辑，请翻开这本书，聂风对你毫无保留。

——崔磊，自媒体"创业找崔磊"创始人

聂风有多个知名互联网平台的从业背景，他的新作以用户增长变现为主题，让不同阶段的从业者都能从中找到适合自己的方法论，并在实操层面上落地。全书以平台视角纵观营销全域，通过打通用户与品牌，赋能线上与线下、前端与后端、公域与私域，最终实现经营效率、利润与品牌价值的增长。作为全域营销这个新概念的"稀缺"资料，本书值得一读。

——李梓嘉，POLYVOLY 科技 CEO，三谷、Rever 等品牌创始人

推荐语

商业世界竞争残酷，经历了互联网+、大数据、AI等风口后，互联网用户总量的增长已经放缓，互联网巨头把持着各种流量。如何从中撕开一个属于你的突破口？经历过阿里巴巴、去哪儿网、PPTV等企业发展历程的聂风，带来满满干货。适合的才是最好的！

——邴弘，新教育创业者，去哪儿网创始团队成员

聂风是一个一直坚持自己执念的人，他经历过互联网大潮的洗礼，站在成功公司的肩膀上瞭望过，也经受过艰辛创业的历练，深谙网络营销的真谛。这次写书，据我了解，他构思、编撰长达数年。这本书集战略策略、实战技巧、运营法则于一体，是一本网络营销方面的教科书级别的佳作。

——于光东，沸点资本创始合伙人

20年前问怎么做好线上业务，10年前问怎么把东西从线上卖到线下，5年前问线下服务怎么打通线上，现在问怎么服务会员……现代的企业经营者在面对纷繁复杂的互联网业态时，眼花缭乱，无从下手，光是"我们要做直播吗"这个问题就难倒一批企业主。幸好，我们有聂风同学这样一位历经过互联网变迁的先驱者、实践者、总结者，为我们梳理了其中的脉络。阅读此书将节省你很多摸索时间。

——黄绍麟，网易云音乐付费会员业务部负责人、爱奇艺付费业务研究院前负责人

从淘宝网、去哪儿网、PPTV到连续创业者，聂风在不断跨行业发展的同时，通过15年的一线实战经验积累、2年的思考沉淀，总结出企业增长的底层逻辑。他在打磨此书的过程中，不仅通过项目进行实操验证，也在混沌大学不断地输出与获取反馈，最终成就了这本书。这本书包含众多案例与实战模型，能够为你打下坚实的全域营销实战基础。要掌握系统的增长变现思维，这本书值得一看。

——贾光，兔狗科技创始人/董事长/CEO、混沌大学杭州分社社长

中国改革开放 40 多年来，人们从没的吃到有的吃，从吃得饱到吃得好，到今天吃我想吃、买我想买，这也是典型的从企业品牌时代到用户品牌时代的发展进程。在这个进程中，很多新元素都在特定的历史时期贡献了价值，也因此成全了一些"时代的企业"。此书从需求侧到供给侧，从营销到传播，从被教育到认知，从线上到线下，站在客观的角度论证，值得阅读。

——叶明，想想我再告诉你（深圳）品牌管理咨询有限公司创始人、
江小白首席顾问

疫情新常态、行业新变革、全媒体传播新格局……2022 年有太多的变化让人无奈，太多的挫折让人懈怠，太多的焦虑让人迷茫。哪条赛道更有希望？什么方法论才算"大招"？从"流量为王"到"价值变现"，还有什么机会？互联网老兵、资深媒体人、连续创业者聂风，成长于阿里巴巴，经历了在去哪儿网、PPTV 的闯荡，实现了创业的小目标，"闭关"两年，凭借沉淀和研究，出此"变现宝典"，从公域、私域、品牌三个视角，探寻了用户变现增长的密码，揭示了商业的底层逻辑、互联网的洞见和增长方法论。对于传统媒体拥抱互联网、全媒体转型和进阶发展，本书颇具借鉴意义，值得一读。

——王晓雄，苏州广播电视总台副台长

用户流量变现，是企业实现持续盈利需要具备的核心能力之一。企业既要具备新用户的获取能力，也要具备实现用户付费转化的能力。除引导用户付费外，企业还要具备促成用户复购的能力。用户复购是企业提高利润率的关键因素之一。以上综合在一起，就是企业的用户变现运营体系。

——诸葛彬，厚达资本创始人

推 荐 语

商业世界风云变幻、风险莫测,对于企业来说,最重要的事就是活下去,一直活下去。业务的增长对于企业来说尤为重要。如何找到企业增长的密码?如何让流量可以变成企业的收入?……这些问题的答案可以在聂风的这本书中找到。

——叶程坤,荷马金融 CEO

认识聂风很多年,印象中他一直是互联网甲方(广告主)的营销实操派代表。被他邀请为新书写推荐语,这才通过阅读书稿感受到他在互联网营销、运营、企业经营和战略等方方面面的深入洞见和理论功底。互联网从业者阅读"增长黑客"相关的图书会在用户增长手段方面有所收获,而这本书则超越用户增长范畴,覆盖了全域(公域+私域)、新零售(线上+线下)、经营增长(流量+变现)、品效(品牌+效果)多个数字化生存和发展领域的核心课题,堪称数字世界的经营指南。

——柯细兴(亿玛地皮),亿玛在线首席创始人、总裁

带着增长思维去看待工作中的一切,是每个互联网人的必修课。本书从"用户"和"企业"两个角度出发,有理论、有干货,在把道理讲透了的同时,也具备很强的实操性。增长不能一蹴而就,需要反复学习、不断实践,每个人都终将摸索出合适的增长路径。阿里巴巴老兵聂风和他的这本新书,会指引你前行。

——韩哲,日本川 House 创始人、穷游网前 COO

无论是 To C 还是 To B,就企业管理而言,互联网的精髓就是快速、全面和准确的信息交互。企业可以先提高经营效率,随之而来的是变现、盈利的增量,这些最终决定了品牌价值的提升。本书有理论、有实战,是聂风多年来经验的总结,值得阅读!

——倪良(镇恶),颜铺科技创始人

VII

如果有人问我有没有一本书能够指导创业和讲解如何避免掉"坑"里，那么我会建议他阅读这本书。这本书从数字化背景出发，围绕用户增长变现，通过打通多个关键点，指导企业实现商业价值的增长。这本书看似在分享实用技巧，实则在洞悉商业的本质，是一本难得的商业实战手册。

——陆勇毅，北京先声智能创始人

增长变现是每个企业不可或缺的一环。这本书将带你深入了解和掌握增长变现的超多技巧，让创业的路更畅通。

——王欣，一览科技联合创始人

"增长"的概念越来越火，国内商界对"增长"的理解也越来越丰富和完整。聂风兄的研究已经突破了"增长黑客"的边界，在"大增长"领域做出了新的贡献。我认为，企业内从高层到基层都能从这本书中得到有益的滋养。

——李云龙，增长研习社发起人、混沌大学增长学院负责人

聂风多年的互联网多板块实操经验、在北大兼职教书的经历，决定了这本书的内容高度和实用性。关于市场增长和流量变现的话题，我们能看到的内容大多为碎片化的观点陈述，少有书或文章能够真正对此进行系统化呈现。这本书也算填补了这方面的空白。

——叶峰博士，公司治理与战略管理专家、108度公益基金会理事长

创业赚的是辛苦钱，不要总想着通过补贴带来更多客源，那只是噱头，认真思考如何提升服务、解决痛点才是关键。回归常识和理智是一件重要的事情，它会让你发现什么是有价值的、什么是虚无的，增长才是活下来的王道。上兵伐谋、百战不殆，聂风通过这本书带你高效地了解环境、文化和商业习惯，整合企业自身资源，通过自

身产品的排列组合，凭实力获得持续的高增长。

——刘铁铮，深砥资本董事长

我和聂风相识在十多年前，当时淘宝网刚成立不到两年，eBay 这样的巨鳄跨海而来，且已占据较高的市场份额。聂风所在的淘宝网市场部临危不乱，在 eBay 买断了部分主要流量门户网站的广告位置的情况下，靠中小网站联盟的推广为淘宝网争取到大量种子用户。今天，整个行业对"数字化"这个词已经耳熟能详。在 2015 年，淘宝网就已经开始通过跟踪数据与反馈、大量的数据分析与基于事实的推断，引导与推动各业务部门协同作战。当年，我作为淘宝网早期的数据分析师，也和聂风一起参与了这场旷日持久的"乱战"。后来，聂风"转战"北京 10 年，再次相遇夜谈时，他已从一个青涩的少年成长为会思考、懂分享、果断决绝的职场精英。2020 年，各行各业接受了一次大考，每个人都没法逃避不确定性因素带来的变化，聂风则经过一年多的笔耕完成了自我蜕变。我个人建议读者将这本书当作一本参考书来阅读，根据自身的行业与思考，先从对应的篇章入手，再从头开始阅读。读完此书，你可以得到不少启发，也因此会有所改变。

——张正华（天宏），知药健康创始人、连续创业者

过去 10 年，阿里系为中国商业贡献了很多方法论，此次淘宝网老员工聂风的新书无疑又为这个领域做出了一份新贡献。在当下流量红利匮乏、众多企业日渐焦虑之时，这份贡献显得尤为重要与及时。商业的本质是追求效率，当过往成功的经验都失效时，就需要寻找新方向了。这时，这本书就是我们需要的一座灯塔。

——陆斌，一气棒创始人、蓝狮子前副总裁

聂风是互联网行业的老兵，在互联网的前沿战斗了近 20 年，经历了互联网行业的潮起潮落、风云变幻。20 年来的行业历练、人生际遇，使他沉淀了宝贵的从业经验，

全域营销：付费增长与流量变现实战讲义

经过几年的潜心研究和深度思考，成就了这本书。对于职场新人，这本书会给你教科书般的指导；对于互联网营销的从业者，这本书会给你很多启发和建设性意见；对于久经沙场的老将，这本书会引发你的很多共鸣。

——谢宗辙，东润互动 CEO

在《肖申克的救赎》里，安迪说：要么忙于生，要么赶着死。（Get busy living or get busy dying.）商业是江湖，唯有打破界限、持续增长，才能存活。在数字化深入每根"毛细血管"的时代，如何真正打通线上与线下、实现增长，是无数企业亟待解决也颇感困惑的难题。聂风的新书抓住了当下企业的一大痛点，透过表象直击本质，满满干货，值得一读！

——姜丽晶，万达集团上海丙晟科技有限公司市场公关总经理

增长是企业发展永恒的主题，企业离开了增长就像自然界离开了水一样，是不可持续的。从淘宝网到去哪儿网，再到 PPTV，聂风一路披荆斩棘，是互联网增长历程的见证者、亲历者和实践者。撰写此书花费了聂风数年时间。这本书结合理论和实战，围绕着用户的增长及变现，从战略到策略及实战落地，深度阐述了企业如何通过用户的增长实现商业价值的增长，是一本难得的解读商业增长实战的好书。

——洪枫（七公），阿里巴巴早期核心成员、投智汇创始人

聂风经历了互联网的发展变迁，是一直活跃在用户营销一线的互联网老兵。当下行业格局快速变化，用户增长营销手段层出不穷，很需要有人把这些年来网络营销和商业化的有关理论和经验总结分享出来，帮助大家更好地理解行业的变化和机会。这本书系统阐述了用户增长和变现模式，值得细细研读。

——王灏，科技寺/光音网络创始人

推荐语

在任何一个时代，能推动经济发展的两个关键要素都是通信和物流。而且往往是消息先到，东西后到。有点像打雷，先看见闪电，再听到声音。聂风的新作，就是那道闪电，让你在雷声到来之前做好准备。全域营销是不可逆的发展趋势，现在，在很多个单独的"点"上已有端倪，而聂风把这些"点"串成了一条操作"线"，同时又展现了未来的"面"，非常难得。这本书是平台"小二"、品牌中高层、互联网营销人员研读未来的优选读物。

——赵圆圆（本名：赵阳），互联网老兵、直播电商资深运营专家

认识聂风是十多年前的事，当年他干的都是《天下无贼》中的淘宝网广告植入、淘宝网超级 buyer 这样的大买卖，而我则是个仰望他的阿里巴巴快乐青年。这十多年来，我在电商圈里打转，而聂风离开淘宝网之后在搜索引擎、流媒体、O2O、跨境电商等领域干得风生水起，能力范围也从淘宝网的公关、营销、运营扩展到了用户增长、商业变现、创业管理……这次聂风又出了个"大招"，多年的商业实战经验积淀，遇上当前数字化管理时代的痛点，促成了他这本满是真知灼见的好书。

——周湘沂（飞鸿），互联网电商老兵

有幸见证了聂风写这本书的过程。记得 2019 年年初，聂风在成都和我说他要写一本真正解决互联网人"增长焦虑"的书。说这番话时，他流露着坚毅与内心充实的神情……从那时开始他就踏上了一条"少有人走的路"。写书的人不少，但写经济管理类的少了一大半，而写成具有实战指导价值的书的就更少了。写书历时 20 多个月，为了让内容更精准及验证书稿中的观点，这期间聂风参与了不下 30 次线上或线下活动，从小到 50 人的总裁班，到多达 1600 人的创新者分享会……并多次与案例中涉及的创始人或核心高管深谈。为研究书中的一个增长观点，聂风还进入一家互联网企业成为 CMO，验证增长的实操性。定稿后，聂风又进行了耗时 3 个月、多达 6 次的反复校验。聂风秉着他那份挚诚，为互联网行业的从业者制作了真实的人生案例，依据

XI

自己的亲身经历与思考，把一个想法变成了现实。预祝聂风成功跨越人生的第一个阶段，步入第二个阶段的增长通道。最后，借假修真，人生如戏。

——刘旗，特地股份执行董事、混沌大学大连分社社长

聂风依据多年的成功实战经验倾心撰写的这本书，如艾灸通气脉一样，可以打通数字化背景下用户增长变现的"任督二脉"，从而帮助企业实现经营效率、变现盈利、品牌价值的增长。在当下的数字化时代，这是一本难得的可读性、实效性、实操性、适用性皆强的书。

——霍斌伟，湖南省演讲与口才学会常务副秘书长

欣闻聂风同学有新书面世，赶紧要了一本先睹为快。初识聂风同学是在几年前北京的一次朋友小聚中，通过一番有关电商发展史的交流，对他在此方面的真知灼见及始终聚焦于商业本质的认知很有感触。这是一本能厘清新商业革命之中纷繁复杂的商业概念和商业逻辑的好书，也是一本新零售时代企业家带领企业突破商业壁垒、实现增长过程中急需的工具书。

——陶云逸，复星影视集团董事总经理

与聂风成为挚友多年，见证了他从北京到杭州一路而来的风风雨雨，他也在其中不停历练、成长。从淘宝网老兵到创业公司CEO，他在这个过程中深深地体会到了保持增长是企业"安身立命"的根本，需要企业不断为之而努力。这本书从数字化背景出发，围绕用户增长变现的目标，通过打通"产品与需求、线上与线下、前端销售与后端供应链、公域流量与私域流量、用户价值与品牌价值"5个关键领域，分享了企业经营效率增长、变现盈利增长及品牌价值增长的本质和技巧，让人每一次阅读都会或多或少地得到一些有关"大增长"领域的不同启发。这本书是聂风人生经历的一种诠释，更是一本颇具商业价值的"增长变现"手册。

——楼晶，杭州安恒信息技术股份有限公司副总裁

自　序

2019年，电子工业出版社的侠少邀请我写一本关于增长的书。当时我的第一反应是，《增长黑客》[1]已经家喻户晓，再写一本关于增长的书，会不会多此一举？侠少给我的答案是：《增长黑客》写于PC互联网时代，主要解读了国外互联网企业在PC时代的增长思路；中国这一特殊而全新的市场迎来了"5G+数字化"时代，与无数人生活和工作密切相关的商业体系被影响着、推动着，发生着复杂的变化；我们能否跳出传统意义上的市场、运营、产品、技术这个逻辑组合，为中国互联网从业者提供一个崭新的视角——从变现增长的角度看待企业的商业化发展？基于这个前提，我首先找了找适合在本土商业环境下实现变现增长的实战图书，以及能够清晰梳理底层系统逻辑的完整资料，却尴尬地一无所获……

当我开始动笔写这本书的时候，增长的概念已经被大家熟知，而市场的环境也发

---

[1] 指电子工业出版社于2015年7月出版的《增长黑客：创业公司的用户与收入增长秘籍》，作者为范冰。

生了巨大的变化。2019 年抖音、快手红透半边天，2020 年全民直播卖货掀起热潮，一时间从知名企业家到当红明星，从老百姓到政府官员，纷纷走到手机摄像头前直播带货……

这让我不禁思考：

当下热的，是否会一直热下去？

直播带货火热的背后，推动市场发展的底层因素是什么？

在直播热潮过去之后，未来的新趋势是什么？

纵观一个又一个互联网风口，什么是"过去需要、现在需要、未来也需要"的用户营销规则与逻辑？

……

这些问题伴随着我的整个写作过程。回顾在淘宝网、去哪儿网的工作经历，我恰巧亲历了这两家公司从两百多人到上万人的急速发展过程。加上在 PPTV 经历了从基于 PC 互联网到面向移动互联网的业务变化过程，我参与了很多被行业所熟知的项目从 0 到 1 的阶段，直到最后离开平台独自创业，跌跌撞撞走到现在……这种非亲身经历无法体会的感受，让我开始尝试用属于自己的商业视角去看待问题。

在经历了 2020 年的市场起伏之后，我个人认为：一方面，在前端市场营销方面，众多品牌和商家都被拉回到了同一个起跑线，诸如短视频、直播带货、私域流量运营、社交电商的裂变等市场营销玩法，你会我也会，我会的你也会，大家拼的不是"我有你无"的打法，而是市场营销的综合实力；另一方面，当 2020 年抖音宣布"抖音直播禁止外链"之后，对于品牌和商家而言，自身的用户体系被各大平台割裂，平台和平台之间形成壁垒，流量孤岛现象越来越严重。如何降低公域流量获取成本、处理流量孤岛现象、有效经营自己的用户变现体系，成为所有品牌和商家需要解决的问题。

自 序

在这样的市场环境中，覆盖公域流量和私域流量的全域营销需求应运而生。实际上，全域营销的概念一直有，并且在淘宝网、去哪儿网、小米这样的平台崛起的过程中发挥了巨大的作用。随着中国互联网发展的局势越来越明朗，在几大巨头公司存在的市场环境中，行业内普遍认为再做一个淘宝、微信、抖音平台的机会越来越少。于是，大家下意识地忽略这些平台在发展过程中究竟做了哪些有效的市场营销，而把注意力更多地投向这些平台拥有的公域流量上。

2020年至今，除国外涌入的品牌外，国内也涌现出越来越多的"国潮品牌"，用户市场呈现僧多粥少的局面。市场倒逼着那些原来借助"平台崛起+局部流量+政策"红利而崛起并做大的品牌，不得不用更系统的视角来经营用户市场。

第一，一个品牌要想在市场中生存并获得好的发展空间，不仅要抓牢公域流量市场，还必须建立属于自身的私域流量用户体系。

第二，在数字化技术普遍应用的时代背景下，线上与线下场景不断融合，未来不会再有"互联网行业"与"传统行业"的区分，有的只是"数字化行业"和"尚未数字化的行业"之分。线上与线下的用户场景打通与融合已经成为趋势，而在这个融合过程中，对后端供应链成本的控制成为企业的又一个生存课题。借助数字化技术，让企业的后端供应链能够同步服务线上与线下用户场景，成为企业"增效降本"的必要策略。

第三，随着流量红利逐渐消失，对用户存量市场的争夺越来越激烈。新老品牌对于市场的争夺，更是从简单粗暴的对用户的争夺深入到对用户心智的争夺。在这种情况下，打通将品牌价值植入用户心智的路径、经营好具有长期价值的用户，成为品牌发展的核心营销战略。

因此，以用户变现增长为目标，通过打通公域流量与私域流量、打通线上与线下消费场景、打通前端渠道与后端供应链、打通用户价值与品牌价值，最终实现企业的经营效率增长、盈利增长、品牌价值增长，成为这本书的基本体系框架。

现在，距离《全域营销：付费增长与流量变现实战讲义》一书正式出版已有一年多，侠少再次找到我，希望再写点儿后续。我左思右想，觉得应该把"算账"这件事讲一讲。

原因有三：一是品牌的全域营销需要预算资金的参与，"做好营收、控好成本、算好账"是核心基本功；二是在数字化时代，预算数据、成本数据的运用和业务数据相结合，才能为企业现金流安全保驾护航；三是很多企业缺乏算业务账的能力，进而出现现金流断流的局面，导致业务、甚至企业关停。因此，结合自己从业以来几十亿元的市场预算资金支出经验，我决定把"做好营收、控好成本、算好账"的具体方法呈现出来。

感谢我在淘宝网的老同事子柳（《淘宝技术这十年》作者），在我写书过程中对我的鼓励和启发。感谢杭州的李秀红老师，作为资深的企业咨询顾问，她能够站在企业经营者和普通读者的视角，为这本书提供文字描述上的优化意见与修改支持。还有南京师范大学计算机科学与技术学院的洪刚老师，拥有十多年教学经验的他，让这本书具有教科书般严谨的体系结构。

感谢在我写作过程中给予理解和支持的朋友们！

谨以此书，献给养育我的父母！

目 录

第1部分 用户变现时代 ... 1

第1章 从生存到盈利 ... 2
- 1.1 如何正确开启用户付费 ... 2
  - 1.1.1 免费还是收费 ... 3
  - 1.1.2 丰巢的收费之难 ... 4
  - 1.1.3 To B 还是 To C ... 4
- 1.2 直播"救火"、数字化"救命" ... 6
  - 1.2.1 什么是数字化 ... 6
  - 1.2.2 数字化技术应用 ... 8
  - 1.2.3 数字化赋能供应链 ... 9
  - 1.2.4 菜鸟、京东、顺丰 ... 10
- 1.3 打破用户营销壁垒 ... 12
  - 1.3.1 用户营销新趋势 ... 12
  - 1.3.2 线下实体商家如何突围 ... 13
  - 1.3.3 传统电商如何突围 ... 14
  - 1.3.4 直播电商如何突围 ... 14

                1.3.5   私域电商如何突围 15
    第 2 章 线上连接线下 17
        2.1 新零售打破线下收益天花板 17
                2.1.1   慕思床垫的直播逆袭 18
                2.1.2   打通线上与线下用户场景 20
                2.1.3   盒马鲜生的新零售 21
                2.1.4   线下往线上导流 22
                2.1.5   前店后仓模式 24
                2.1.6   30 分钟送到家 26
        2.2 借助私域流量打通街区消费场景 28
                2.2.1   成都秀丽东方幸福场街市 28
                2.2.2   社区菜场——钱大妈 30
                2.2.3   低成本的私域流量 32

第 2 部分   跨越用户变现增长 35

    第 3 章 用户变现运营体系 36
        3.1 从抓对用户刚需开始 36
                3.1.1   用户伪刚需 37
                3.1.2   用户刚需 38
                3.1.3   直播+电商 39
                3.1.4   直播电商的三种运营方式 40
        3.2 哪些数据指标是你的增长目标 42
                3.2.1   用户交易行为的增长目标 43
                3.2.2   抖音 IP 矩阵 44
                3.2.3   抖音数据算法 45
                3.2.4   DOU+投放 46
                3.2.5   加盟激励政策 46
                3.2.6   星巴克与瑞幸咖啡 48
                3.2.7   五个用户变现增长策略 49

XVIII

目 录

3.3 从免费到复购的用户分层运营 50
    3.3.1 用户行为标签 51
    3.3.2 首单与复购 52
    3.3.3 内容、IP 与"人设" 53
    3.3.4 免费、返利、分销与折扣 55
3.4 流失用户是等待挖掘的金矿 57
    3.4.1 完整的用户分层体系 57
    3.4.2 三步法唤醒静默用户、召回流失用户 59
    3.4.3 用户生命周期 61
    3.4.4 不同阶段的用户变现策略 62

第 4 章 公域流量变现 64

4.1 社交裂变让你新客爆棚 64
    4.1.1 用户营销与用户运营 65
    4.1.2 种子用户 66
    4.1.3 分销返利 67
    4.1.4 会员分享赚佣金 68
    4.1.5 免费产品做抓手 69
4.2 让用户变身"买单狂+分享狂" 71
    4.2.1 超级用户 72
    4.2.2 分享的心理学 72
    4.2.3 用户自主裂变传播网 73
    4.2.4 拼团裂变 75
4.3 五步营销法玩转流量变现 76
    4.3.1 线性思维 76
    4.3.2 系统思维 77
    4.3.3 五步营销法 78

第 5 章 私域流量变现 83

5.1 从"人找货"到"货找人"的销售变革 83
    5.1.1 什么是私域流量 83
    5.1.2 私域的用户路径 85

XIX

5.1.3　会员积分激励体系 86
　　5.1.4　自带社交互动属性的产品设计 89
　　5.1.5　产品定位与定价 91
　　5.1.6　用户路径与用户营销体系 93
　　5.1.7　私域流量爆发的原因 94
5.2　"低门槛体验"是引流产品的关键抓手 95
　　5.2.1　结合刚需定目标 96
　　5.2.2　设计用户使用场景 96
　　5.2.3　设计引流产品抓手 98
5.3　"直播+私域"引爆带货效率 102
　　5.3.1　社群直播 102
　　5.3.2　四个直播小技巧 104
　　5.3.3　直播+私域 104
　　5.3.4　短视频+直播+私域 105
　　5.3.5　四条用户变现路径 107
　　5.3.6　打通公域与私域的流量业务执行路径 108
　　5.3.7　微信个人号运营的业务路径 109
　　5.3.8　公域+私域的用户变现增长体系 110
5.4　私域流量变现五步营销法 111
　　5.4.1　第一步：量化目标 112
　　5.4.2　第二步：制订业务执行计划 113
　　5.4.3　第三步：设计用户变现路径 114
　　5.4.4　第四步：业务计划的进一步拆分与落地 115
　　5.4.5　第五步：业务的落地与执行 117
5.5　用数据说话 121
　　5.5.1　认知与差异 121
　　5.5.2　数据分析目标 122
　　5.5.3　提取与处理 124
　　5.5.4　实时数据与全时数据 125
　　5.5.5　产品数据 126
　　5.5.6　定性分析与定量分析 126

目 录

第 3 部分 进击的品牌 ... 129

第 6 章 行为造就品牌习惯 ... 130
6.1 品牌正在让你上瘾 ... 130
6.1.1 上瘾机制 ... 131
6.1.2 品牌习惯 ... 132
6.1.3 刚需产品 ... 133
6.1.4 产品路径 ... 135
6.1.5 用户激励体系 ... 135
6.1.6 高频产品 ... 136
6.2 会传染的情绪影响力 ... 138
6.2.1 情绪的传染 ... 139
6.2.2 用户传播网 ... 140
6.2.3 三度影响力 ... 141
6.2.4 蹭热点与打造热点 ... 142
6.2.5 品牌"人设"+剧情 ... 144
6.2.6 正能量内容 ... 144
6.2.7 "标题党" ... 145
6.2.8 好内容激发情绪影响力 ... 146
6.3 稀缺的用户注意力 ... 147
6.3.1 注意力=时间 ... 147
6.3.2 信息过滤机制 ... 148
6.3.3 注意力减负 ... 149
6.3.4 高频内容载体 ... 150
6.3.5 激发情绪共鸣 ... 151
6.3.6 意见领袖 ... 153

第 7 章 持续打造品牌爆款 ... 155
7.1 裂变是过程,爆款是结果 ... 155
7.1.1 社交媒体互动 ... 155
7.1.2 做大众化产品 ... 158
7.1.3 借势热点 IP ... 160

XXI

　　　　7.1.4　爆款"神曲"赋能 161
　　　　7.1.5　话题打卡带曝光 162
　　　　7.1.6　品牌 IP 植入 163
　　7.2　规模化复制品牌爆款 163
　　　　7.2.1　降低用户门槛 164
　　　　7.2.2　让产品具有传播度 165
　　　　7.2.3　边际效应降成本 166
　　　　7.2.4　关联效应带新增 167

第 8 章　铸造品牌长久价值 169
　　8.1　品牌文化造就价值认同感 169
　　　　8.1.1　国货品牌≠廉价、低端 170
　　　　8.1.2　品牌文化价值观 170
　　　　8.1.3　品牌价值载体 171
　　　　8.1.4　价值传递 173
　　8.2　洞察消费者行为，把握品牌增长趋势 175
　　　　8.2.1　消费者行为金字塔模型 176
　　　　8.2.2　生理需求驱动 177
　　　　8.2.3　情绪驱动 177
　　　　8.2.4　注意力驱动 178
　　　　8.2.5　价值感驱动 179
　　　　8.2.6　全球品牌增长趋势 179

第 9 章　增长实战：业务、营收、成本一本账 183
　　9.1　明确增长目标及其实现路径 184
　　9.2　获取业务及相关的财务数据 185
　　9.3　通过报表数据实现业务成本可视化 187
　　9.4　业务、营收与成本要素关系的可视化 195
　　9.5　业务优化和调整 197

第 1 部分

用户变现时代

在以用户为导向的数字化时代，用户的变现和增长，是商业体系增长的核心组成部分。

第 1 章 从生存到盈利

在互联网数字化时代，企业面临的最大变化是从"产品导向"转向"用户导向"。以前用户没有太多选择，企业生产什么，用户就买什么。在互联网发展初期，这么做没问题，每年都有数以亿计的互联网新用户诞生，很多企业不愁没有新用户。2019年5月，腾讯在2019年第一季度财报中提到微信月度活跃账户数突破11亿，似乎可以宣告中国"全员在线"了。此后，互联网流量红利逐渐消失，互联网进入存量用户竞争时代。这意味着单纯的用户数量增长没用了，实现用户付费的增长才有用，谁能实现用户变现，谁就能获得"增长"。

1.1 如何正确开启用户付费

2020年的"五一"刚过，"丰巢收费"话题引发了大众的热议。俗话说得好，"天下没有免费的午餐"，做生意总要赚钱。然而，丰巢快递柜超时收费的举措遭到了用户的反对、社区的阻挠和快递员的抱怨。中国互联网商业史上，不缺用户抗议收费的戏码，但丰巢引起这么大规模抗议也算得上少见了。

1.1.1 免费还是收费

免费还是收费？本质上要思考的是：企业服务的最终用户是谁？明确企业服务的最终用户，才能清晰定位企业的盈利变现目标。

阿里巴巴、腾讯、百度和字节跳动，无一不是免费主义的拥趸，滴滴、美团的市场策略也离不开对用户的直接补贴。电商巨头阿里巴巴在淘宝上探索收费模式时，走过的路也异常曲折。2006年，淘宝新推出的"招财进宝"收费服务遭到众多淘宝卖家的反对，当时的淘宝高管在杭州市文三路的华星科技大厦的办公室中潸然泪下，最终放弃了这个项目，宣布淘宝继续免费。2007年，淘宝直通车上线，第一日的流水（营业额）就突破了700万元大关。可以看出，在经历"招财进宝"项目的夭折后，直至2007年下半年，淘宝才正式踏上用户变现之路。

在外界看来，淘宝成功地在完全免费的基础上实现了用户变现的启动。但以笔者作为当时亲历者的内部视角来看，这一跨越本质上是淘宝进一步明确了变现的目标对象——淘宝卖家。

从2003年至2006年上半年，淘宝的核心服务对象是卖家，业务增长目标是增加卖家数，并由此带动卖家把线下用户带入线上，最终实现用户注册数量的整体提高。这一时期，淘宝内部的核心KPI（关键绩效指标）考核的是"用户注册量"。在这一阶段，淘宝推行的不收开店费、服务费、交易费的免费策略和eBay的收费模式形成鲜明对比，并成功地把众多eBay卖家圈进了淘宝平台。进入2006年中期，淘宝从内部开始进行商业化变现的转型，整个公司的KPI从"用户注册量"变为"支付宝成交额"。这一转变意味着，淘宝的核心服务对象从卖家端转移到买家端，想通过买家数量的急速增长，提高平台整体的购买力，进而吸引更多的优质卖家和商品品类入驻。"招财进宝"项目就是在这一背景之下启动的，尽管该项目后来被喊停，但淘宝对用户变现的探索并未停止，直至针对卖家的淘宝直通车上线。

1.1.2 丰巢的收费之难

丰巢显然也是采取了"先免费、后收费"的策略，通过"免费"进行市场教育，培养用户习惯，再试图以付费会员的模式实现用户变现、获得盈利和增长。然而，同样是从免费到收费，面对已经具有付费习惯的用户群体，丰巢快递柜的用户变现之路为什么会遭遇用户的集体抗议？对于大多数用户而言，每个月5元的会员费不过是两罐饮料的钱，有必要群情激愤吗？

从商业的角度看，丰巢推行收费新政策，开拓用户变现的新途径，并没有什么错。笔者认为，问题的根源出在丰巢对最终服务的目标用户没有清晰定位，是快递小哥？还是普通用户？企业最终服务的目标用户决定着用户变现路径的走向。

快递柜是整个物流体系的组成部分，其目标是更好地把快递包裹送达收件人，并提高"最后100米"的物流效率。对于快递员来说，向丰巢支付费用成本，收获的是时间效率上的提高，原本需要花上大半天时间逐一上门投递的包裹，只需要十几分钟就能一一入柜。送货效率提高，带给快递员的是业绩的提升与收入的增长。因此，从这个角度来说，丰巢的服务对象是快递员。在这种模式下，收件人越早从快递柜中取出包裹，快递柜的周转率越高，丰巢从快递员赚取到的寄存费也就越多。可现实的情况并非如此，由于加班、出差等各种原因，再加上快递员与收件人缺少事先沟通、没有顾及收件人的派件时段需求等，收件人超时取件的情况时有发生，丰巢快递柜的周转率并未达到理想的目标。本来，丰巢推行"快递存放12小时以上每12小时收取0.5元保管费"，不仅能提高快递柜的包裹周转率，还开启了用户变现模式的新探索——从快递员付费到用户付费，但由于目标用户选择上的偏差，最终并没有尽如人意。

1.1.3 To B 还是 To C

由前文可见，丰巢在用户变现路径上呈现出"一鱼三吃"的模式：向快递员收取寄存费，向广告投放者收取广告费，向收件人收取超时保管费。丰巢的盈利变现对象发生了改变，企业服务的目标用户却没改变。丰巢在发布的"致亲爱的用户"中解释：快递员的派件高峰集中在早上 9 点到 11 点，一般 10 点达到峰值，按照 12 个小时的免费保管时长推算，收件人最晚可以在晚上 11 点前把包裹取走。但现实的情况是，对于不少"996"的都市白领来说，下班的时间基本在晚上 9 点多，还要乘地铁、转公交车，到家时基本已是晚上 10 点左右，这时候还要在脑子中绷紧一根弦告诉自己去取快递，不然就要为"逾期"而缴费，实在有些强人所难。

用户变现模式与最终服务的目标用户出现错位，给企业带来的问题可不小。我们可以试想一下，假如淘宝推出第一个成功收费产品——直通车之后，不仅让卖家掏钱买广告坑位，还让消费者为交易支付服务费，导致的结果必然是群起反对，淘宝也就无法成就今日的电商"江湖地位"。丰巢引发的用户反对，本质上还是用户变现模式与企业服务的目标用户发生了错位造成的。丰巢的用户变现模式在 To B 与 To C 之间徘徊，产生的结果可能是两头不讨好，招致用户的集体反对。

生意的本质在于盈利。2020 年 4 月 1 日，罗永浩在抖音直播带货[①]，交易总额突破 1.1 亿元。5 月 10 日，格力集团董事长董明珠在快手直播带货，3 个小时带货 3 亿元。5 月 14 日，影视明星刘涛首次参加淘宝直播，交易总额超 1.48 亿元……创业"网红"、知名企业董事长、影视明星纷纷走到前台直播带货，意味着以用户为导向的新互联网时代到来了，用户变现成为企业生存、发展、增长的核心目标，而厘清企业的最终服务目标，正是关键所在。

本书将围绕用户变现增长的核心目标，以用户为导向，从公域流量变现增长、私域流量变现增长、品牌增长三个视角，为读者揭示在短视频、直播、私域流量大行其道的新互联网时代，企业实现用户变现增长的底层商业逻辑与方法。

[①] 带货，指通过公众人物的影响力，带动商品的销售。

1.2 直播"救火"、数字化"救命"

2020年,和直播有关的一切都变得火热,从草根到县长、从普通民众到知名企业董事长都化身直播达人。企业高管从线下走到线上,从幕后走到台前,其根本动力源自企业在重压下的强烈求生欲。

以遭受新冠肺炎疫情影响的餐饮行业为例,很多餐馆在2020年2月份、3月份的销售额几乎为零。重压之下,眉州东坡、海底捞、西贝等餐饮企业纷纷推出半成品餐食产品,大厨们走出厨房站在直播镜头前,卖力地直播带货。重庆的一家火锅店濒临倒闭时,用微信群直播、快手直播的方式,销售以火锅外卖为主的产品,并借此渡过生存难关。除了走进直播间,一些企业在疫情期间展现出极强的韧性,成功地打通线上渠道。比如永辉超市,在2020年1月份,就通过其App及微信小程序显著提高了销售额。

直播、短视频、私域电商成为热点的背后是一场覆盖全社会的数字化变革。疫情加速了传统行业从线下走到线上的进程,也让整个社会都认识到数字化的重要性及其价值。

1.2.1 什么是数字化

到底什么是数字化?

在百度百科中搜索"数字化"这个关键词,得到的解释是:数字化,是将许多复杂多变的信息转变为可以度量的数字、数据,再以这些数字、数据建立起适当的数字化模型,把它们转变为一系列二进制代码,引入计算机内部,进行统一处理,这就是数字化的基本过程。由此可见，互联网数字化是把信息转化成数据并上传到服务器的过程。曾担任微软全球执行副总裁、雅虎执行副总裁、百度首席运营官的陆奇，曾在公开场合分享了他对数字化的思考：最早人们是把办公桌上的东西给数字化了，变成了我们的计算机操作系统桌面。今天，日常生活的很多信息都能被数字化，比如人们骑车和打车的轨迹、和朋友的日常聊天、支付记录、看的视频节目等。陆奇对数字化的定义很简单，就是用数字的形式来表达信息。

在数字化的趋势中，人既是数据的接收者，也是数据的生产者。手机等各种智能终端成为数据的收集器，在许可的范围内自动收集和上传各类数据。人们的生活轨迹以数据的形式被留在了互联网上，完成了相应的数字化。在未来，所有的实物都可以产生数据，比如给冰箱安装上传感器，将存储物品的多少、食物的新鲜程度等情况形成数据，给房间安装上传感器，随时随地把室内的温度、湿度等信息形成数据，再经过云端的数据计算实现远程智能控制。进入人工智能时代后，大量的传感器会把我们的物理世界转换成数据与信息，实现线上与线下"两个世界"前所未有的融合。

数字化技术的大规模应用意味着我们可以通过计算机进行大规模数据处理，通过对收到的数据进行解读、研判、分析，在复杂的社会网络中发现事物的枢纽、节点，进而找到解决问题的路径。

在《大数据思维与决策》一书中，作者伊恩·艾瑞斯（Ian Ayres）讲述了一个非常有意思的案例。有位名叫奥利·阿什菲尔特（Orley Ashenfelter）的计量经济学教授爱好收集红葡萄酒，他非常好奇为什么某些年份、某些产地的红葡萄酒品质非常高并且值得收藏。由此，他萌生出用数据模型计算红葡萄酒品质的想法。然而，这个想法在当时的红葡萄酒收藏者看起来是多么不可思议！专业的品酒师也认为这个想法行不通，但奥利却坚信不疑。他将影响红葡萄酒品质的气候条件如降雨量、气温等，都做了周密的分析和研究，最后真的得出了一个数学公式：葡萄酒的品质=12.145+0.00117×冬季降水量+0.0614×葡萄生长期平均气温-0.00386×收获期降水量。一开始，人们并不相信这个公式真能预测红葡萄酒的品质，很多品酒师甚至嘲笑奥利。但是接下来的事却让所有人惊呆了，这个公式从诞生以来从未失误过，奥利通过数据在红葡萄酒酿造系统中找到那些能够带来增长的节点以及这些节点发生的交互作用，准确地预测了一年又一年的葡萄酒品质。

可见，一个事物的数字化程度越高，人们对这个事物进行的解读、解构、分析、复制，以及相关的判断和预测的效率就越高。

1.2.2 数字化技术应用

在 2020 年的新冠肺炎疫情期间，正是借助了数字化技术，才方便地实现了对各地区人口的迁徙情况进行查询，并且通过对交通、旅游、医疗等方面的数据进行大规模的处理，对高效寻找潜在的感染者提供了有力支持。

通过对海量的位置大数据、交通出行数据等的挖掘和计算，能够进行诸多有意义的研究。例如，通过查阅百度地图发布的"中国城市活力研究报告"，能够了解全国主要城市的出行态势、人口吸引力等。

数字化技术打破了时间与空间所产生的隔阂，让信息传递变得更加便捷。2020年的春节后，新冠肺炎疫情让不少企业难以如期复工，从而掀起了一场"宅家"远程办公的"热潮"。大量企事业单位开始借助钉钉等 App 实现在线办公。艾媒咨询数据显示："2020 年 2 月新春复工期间，中国有超过 1800 万家企业采用线上远程办公模式，共计超过 3 亿人使用在线办公应用。"受疫情影响较大的还有教育行业，但数字化技术同样提供了有力支持，例如，不少学校响应"停课不停学"的号召，通过线上会议、直播等形式进行网上授课，将线下课程搬到线上。数字化技术增加了时间和空间的弹性，让信息传播变得更便捷，让在线办公和学习成为普遍的现象。

2020 年的新冠肺炎疫情加速了企业数字化变革的步伐。整个疫情期间，那些之前做了数字化准备并能充分利用数字化办公软件的企业，在 2 月中下旬就有了较好的复工率，有的甚至在 3 月份就有了正向现金流。与之相反，有些没有采用数字化办公软件的企业，在这段时间里和客户基本失联，对员工的管理基本失控。可见，以数字化技术为基础，做到用户连接的在线化、企业管理的在线化，将成为常态，同时也成为企业必备的能力之一。

在以用户为导向的新互联网时代，数字化还加强了企业与用户之间的联系。依然以餐饮行业为例，如果没有直播作为线上销售的桥梁，想开通外卖、零售等业务就只能通过美团、饿了么等平台来实现，不仅无法为公司沉淀用户，还要付给平台一定的佣金。传统企业和客户的连接非常弱，很难做到用户数据的沉淀。而直播与短视频、私域流量等互联网数字化技术的运用，能够让企业在线连接用户，高效地传递自身的品牌价值、展现产品优势等。在直播中，企业引导用户关注微信公众号、使用微信小程序、添加微信个人号（私域流量），能够即时了解用户需求，拉近彼此的距离，增进彼此的联系。

1.2.3　数字化赋能供应链

数字化技术的普遍应用有利于企业对用户进行精准营销。所谓精准，指的是产品的精准、时间的精准、目标用户的精准，在恰当的时间通过合适的渠道将产品推送给精准的用户。其本质是通过前端洞察消费者在哪儿、喜欢什么产品或者有什么样的需求，然后将这些信息整合并向后端传导，以打通前后端的供需通道，最终让企业实现用更低的成本精准服务海量的用户，进而获得盈利、变现和增长。

企业前端销量的提升，也增加了企业后端供应链的成本。数字化技术的普遍应用，能够降低企业供应链的成本，从而进一步增大盈利空间。阿里巴巴 CEO 张勇在 2019 年接受第一财经记者采访时表示：从今天面向未来，你发觉所有客户都在走向整体的数字化经营，数字化销售、数字化营销、数字化供应链、数字化产品设计和生产，乃至物流，到最源头的原材料准备，整个产业链都在全方位地变得数字化。

图 1-1 所示为数字化技术的应用示意图。

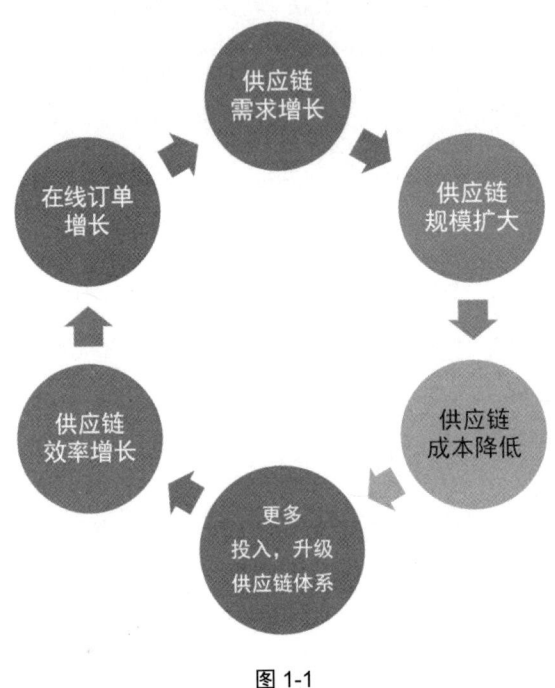

图 1-1

1.2.4 菜鸟、京东、顺丰

菜鸟网络（阿里巴巴集团联合"四通一达"等快递公司牵头成立的专注于物流网络平台服务的公司，下文简称菜鸟）建立的初衷就是为众多商家提供智慧供应链解决方案，以及降低整体物流成本。公司成立后，依靠大数据系统预测各家快递公司在各条线路上的包裹量，能帮助快递公司高效地分配运力。

在菜鸟大数据系统的支持下，天猫可以做到预售订单规模化下沉。例如，通过对天猫的日常交易量、以往"双11"成交量以及用户购物车内商品等方面的数据进行分析和计算，可以预测用户会买哪些商品、需要送到哪里。在"双11"前的三个月内，菜鸟及其合作物流公司就开始行动起来，根据预测数据将对应商品配送到距离潜在消费者 10 千米范围内的分仓，这样，大批在"双 11"当天凌晨支付尾款的订单以及活动期间的大量爆款商品可以在第一时间进行配送。活动期间最先发出的约一亿个包裹大多来自这些提前准备好的库存，这些订单的 9 成都可以做到下单当日或者次日送达。

在仓储端，2019 年菜鸟建成了在全球范围内也堪称一流的智能仓储系统，其中位于无锡的智能化仓库实现了全自动拣货和发货。在 AI（人工智能）设备的调度下，超千台不同类型的机器人协同作业，发货能力显著提升。邮政速递物流在全国已建成众多智能化分拨中心，顺丰、京东、菜鸟、苏宁等企业在全国建立了多个无人仓，大批能够负重的仓储机器人、配送机器人在不同场合广泛应用，能够自动化识别"暴力分拣"行为的"违规操作 AI 智能识别系统"在部分企业上线运行……

在分拣环节，顺丰在深圳的一个转运中心早已实现了全自动化分拣，每小时可以处理超过 7 万个包裹。据菜鸟发布的统计数据，截至 2019 年"双 11"前，中国快递业已累计建成超过 5000 公里的自动化流水线，以保障物流效率。在数据终端，电子面单逐步代替纸质面单，在节约大量成本的同时，也使得分拣效率大大提升。粘在快递包裹上的电子面单，乍看就是一张小小的纸条，背后代表了物流枢纽的巨大革新。在末端配送环节，各住宅小区的快递柜和菜鸟驿站发挥了巨大作用，通过扫码、刷脸等快速取件的方式，将取件效率提高了不少。在中西部的偏远地区，各大物流公司陆续使用上了无人机送货，在提升送货效率的同时节约了人力成本。

2019 年 11 月 11 日，根据国家邮政局监测数据显示，当日全国邮政、快递企业共处理 5.35 亿件包裹，是二季度以来日常处理量的 3 倍，同比增长 28.6%，再创历史新高，整个"双 11"的快递包裹达到了 28 亿件的历史高峰。基于大数据计算的 AI、机器人产品，正被应用到社会供应链各个环节的运作中，带来了整个社会供应链效率的提高，通过正向循环，实现了整体运作效率的持续增长。

当今社会的进步，更多的是依赖数字化带来的数据化。当我们的生活在越来越多的维度上都可以被数据化的时候，生活方式将随之发生巨大的变化。直播、短视频、私域流量在商业体系中的迅速普及是表象，数字化才是企业获得用户变现增长的底层逻辑与基础。

1.3 打破用户营销壁垒

在互联网不发达的时候，企业打造一个全新的品牌，需要建立强大的全国经销商渠道。而现在，只要一场直播火了，品牌就能被用户通过社交媒体传播到四面八方，被更多的消费者熟知，并且最终产生消费。互联网数字化技术的广泛应用，让传统商家能够更迅速、更顺畅地打通线上营销渠道，带来过去所没有的优势，并呈现出以下几个新趋势。

1.3.1 用户营销新趋势

趋势一：数字化技术的普遍应用加快了线上和线下的打通，以及传统行业线上渠道的建设。比如餐饮行业，商家既能通过大众点评、美团等公域平台建立线上营销渠道，也能通过自建App、微信小程序、微信公众号、抖音快手号、微信视频号等建立与用户的直接连接，提供更高效的服务。

趋势二：短视频与直播的普及，增加了品牌和产品的接触面。过去，商家的线下导购只能一对一服务消费者，销售触达的效率有限。采用短视频+线上直播后，客服人员能够有效服务的用户数呈几何级数增长。通过应用AR（增强现实）、VR（虚拟现实）、MR（混合现实）等技术，商家还能够与用户在线视频对话，讲解商品，提升用户线上购物的体验。

趋势三：在传统中心化电商模式下，公域流量平台是商家与消费者交易及沟通的中心，平台对流量、交易数据及客户关系具有极强的控制力。随着电商的社交化、内容化以及去中心化，一方面，公域流量平台对商家及消费者的控制力开始下降，商家与消费者之间的联系越来越紧密；另一方面，对于商家而言，私域流量能够提升销售转化的效率，并意味着真正的用户沉淀，其价值不断上升。于是，越来越多的商家开始注重自身品牌的私域流量沉淀与运营，尝试打破公域平台与私域流量之间的壁垒，实现更高效的用户变现增长。

对众多商家而言，面对 KOL（关键意见领袖）、私域营销、抖音/快手短视频、淘宝直播、直播带货、MCN（多频道网络）机构等一系列新事物，如何顺应趋势，打开用户的钱包，同样是巨大的挑战，需要解决的新问题接踵而至，比如：

- 有了私域流量，公域流量还重要吗？
- 淘宝直播和抖音直播哪个好？
- 线上店铺可以替代线下店铺吗？
- 用户多了，交易量大了，还需要自己做 App 吗？
- 自己做直播和找 MCN 机构合作哪个更好？企业该如何考虑预算？
- 用短视频"圈"到用户，无法变现怎么办？

面对复杂的新趋势，企业要实现用户变现增长的目标，笔者认为需要改变二元对立思维，从"打通"入手，即：打通线上与线下之间的隔阂，打通公域与私域之间的隔阂，打通用户与品牌之间的隔阂。

1.3.2 线下实体商家如何突围

对于线下实体商家而言，首先需要解决的是打通线下和线上的用户消费场景。从淘宝开店到直播带货，从微商到私域电商……无论哪种方式，都有助于传统商家突破区域、位置、店铺面积等的局限性，以及突破收益的天花板。在这个过程中，一些餐饮企业对接了美团、饿了么等平台，提高了外卖配送的效率；一些社区小店则通过社群和朋友圈扩大了用户覆盖面，提高了店铺营业额……

传统商家的突围不仅要打通前端销售渠道，还要通过数字化技术赋能供应链，让其能同步服务线上与线下销售端。这是降低企业经营成本、提高用户变现效率的关键环节。

1.3.3 传统电商如何突围

对于传统电商而言，重点要解决的是突破公域平台的限制，加强与用户之间的连接，降低在公域平台上的用户获取与转化成本。随着公域平台的流量成本不断上涨，淘宝、京东等公域平台对流量的控制力也在减弱。对平台而言，流量成本上涨使其进一步收紧了对流量的控制，促使更多流量聚集于头部商家，而长尾商家的经营压力则在增大。在这样的市场环境下，中小规模商家与私域流量的结合更为紧迫。

私域和公域不是一个二元对立的生态系统，它们相互依赖。就像是如果没有无数个微信用户，就无法组成微信的生态系统。公域与私域两者相互依存，相互促进发展。在新趋势下，企业需要经营好自身的公域流量平台，并通过私域流量打通App、微信公众号等多个公域平台，让品牌和产品在公域流量平台与私域流量池中能同步触达用户。从短期来看，公域电商平台由于具备完善的供应链支持能力，而且培养了成熟的用户消费习惯，依然是企业线上经营的主场。从长期来看，自建的私域电商体系与公域的中心化电商平台的打通，能让商家更好地维护用户体系。

1.3.4 直播电商如何突围

对于进军直播电商领域的商家而言，不仅要做好传统电商的用户运营，还要在抖音直播、快手直播、淘宝直播等的生态中寻求平衡和发展。直播的本质在于提高触达用户的效率。在传统的线下消费场景和电商消费场景中，商家和用户的沟通通常局限于"一对一"模式。直播改变了传统的沟通方式，主播能够与用户进行高效的"一对多"沟通，让销售工作的效率获得爆发式的增长。

对于抖音直播和快手直播，在这类内容平台上，用户就好像在逛街、休闲的过程中发现一个不错的东西，然后顺手买了。对于淘宝直播，通常是用户有明确的购买目标后再观看直播，在观看实物效果和店员的介绍过程中发生购买转化。由此可见，在抖音直播和快手直播的生态中，用户往往是先喜欢上主播，再喜欢上主播推销的东西；在淘宝直播的生态中，用户的关注点更多在于产品本身，对于用户而言，推销商品的人长什么样并不重要，场景越真实越好。

1.3.5 私域电商如何突围

对于进军短视频领域的商家而言，面临"圈"到一些用户后如何与直播、私域运营结合并打通变现路径的问题。短视频是内容的表现形式，而不是本质，其核心价值仍由产品和内容生态所决定。从总体来讲，短视频触达用户受到算法限制，呈现出抖音"强媒体、弱社区"和快手"强社区、弱社交"两种不同的生态。

抖音的算法决定了用户打开 App 后能够直接获得优质内容的推荐，无须更多的操作，这种"懒人交互"提升了用户的黏性，削弱了用户的改变意愿。用户对于附近与同城的内容关注度降低，注意力集中在头部账号的优质内容上。抖音的流量更多地掌握在平台方，作为公域流量池，其中心化的程度在不断加剧。因此，"短视频引流+直播卖货"成为抖音平台上重要的用户变现路径。

快手更强调用户间的关系，私域流量生态更加成熟。基于不同的算法机制，快手的优质内容密度没有抖音那么大，需要用户进行挑选，同时"关注"与"同城"内容版块的使用频率远高于抖音。相比抖音，快手的社交属性更强，公域与私域的打通更顺畅。因此，基于"短视频引流+直播卖货"的模式，快手上的商家更容易将用户沉淀到自身的私域流量池中，进而对用户进行变现转化。

以用户为导向，做好短视频、直播卖货的同时，我们也要重视品牌在企业发展过程中发挥的价值。让用户与品牌建立起情感连接、产生价值认同感是用户购买并使用产品的重要原因。这种感觉就像我们面对百事可乐和可口可乐，总有一个一直喜欢的品牌，从不轻易改变。打造具有长期价值的品牌，需要从用户的"刚需"切入，与用户发生情感连接，激发用户的情绪共鸣，牢抓用户的注意力，最终获得用户对品牌的价值认同感，沉淀具有长期经营价值的用户。

本书将围绕用户变现这一目标，从短视频、直播、私域电商等领域入手，结合实战操盘案例，为读者详解在数字化时代如何打破线上与线下、公域与私域、用户与品牌之间的增长壁垒，赢得持续的变现增长。

第 2 章　线上连接线下

线上销售与线下销售的融合，一直是商家热衷的话题，但无数商家从线下走到线上之后，却面临渠道分离、供应链分离、经营成本居高不下等众多需要解决的问题。

2.1　新零售打破线下收益天花板

在互联网电商高速发展的头几年，出现了"全民电商""全品类电商"的趋势。众多知名品牌厂商和零售商纷纷把商品放到互联网上售卖，但进展并不像想象的那么顺利。例如，美国床垫品类电商 Casper 采用"不设实体店""抛开中间商""试用 40 天"等互联网销售策略，2015 年在美国本土的销售额达到 1 亿美元。然而，Casper 经过一段时间的销售额"野蛮"增长后发现：因为线上售卖床垫的用户体验根本无法替代用户在线下实体店中的真实体验，导致消费者的购买意愿不断下降，订单量下滑。2017 年，Casper 改变了销售策略，并入美国零售巨头塔吉特（Target）旗下，通过其覆盖全美的上千家线下店面来销售床垫。这一改变，带来的直接结果就是，Casper 的市场推广成本降低，成交量提高，退货也减少了。

不断有人说："对于某些商品，在线下实体店的购物体验，在线上购物场景中难以实现，无法被用户的线上消费体验所替代。"尽管互联网带来了信息传递效率的提升，但是在线下实体店中可以通过人的视觉、嗅觉、触觉感知到的信息，很难通过互联网传递给用户。事实真的是这样吗？用户体验从线下转到线上更好？还是线上无法替代线下？用这种线上、线下二元对立的角度去思考如何提高用户体验、获得销量增长真的合适吗？

2.1.1　慕思床垫的直播逆袭

2020 年的新冠肺炎疫情，让高端寝具品牌慕思公司总裁姚吉庆陷入了焦虑中。这场突如其来的疫情，让整个家居行业面临很大压力。如何抗击疫情逆势破局，是摆在慕思与每一家企业面前的必答题。在这种压力下，3 月 1 日，慕思以健康睡眠知识普及与特惠产品销售为主题，开启了首场大型直播活动，高峰时期有近 300 万人同时观看，活动当天的订单数量超过了 6 万笔。这大大超出了姚吉庆的预期。紧接着第二天，慕思进行了第二场直播，最终吸引超过 550 万观众在线收看，全国的订单总数量超过10 万笔。

同样是卖床垫，为什么进入 2020 年，人们的消费习惯发生如此巨大的变化？

从本质上说，用户从线上获取信息，了解产品，下单，再到线下体验产品，这个过程是连续的，存在不可分割性。这也说明无论科技怎么发展，用户体验存在连续性与不可分割性。因此，企业要提高用户体验、获得整体销量增长，既不是以线上替代线下的角度，也不是以线下替代线上的角度入手，而是要思考如何打通线上、线下用户场景，让线上与线下的用户场景能够相互连接、互为依存，这才是解决用户变现增长问题的正确路径。

那慕思是如何通过直播做到打通线上与线下的用户消费场景，收获超过 10 万笔订单的呢？慕思是通过以下"三步走"的策略实现的。

第一步：确定目标，整合团队，准备产品。

慕思以"把线下客户带到线上去销售"作为销售增长目标，并依此整合团队，在已有的经销商系统基础上建立微商城、微店，并成立了91个微信营销团队。2月初，姚吉庆开始召集大家开会，整合了内部多达21个部门，覆盖全国各大区域与4000多家门店，远程调动了近1万人，前后召开了超过100次线上会议，旗下10大品牌均参与其中。在整合团队的同时，慕思也在一周内完成了产品的更新，把计划上直播的产品全部发布到相关线上售卖渠道中。

第二步：做好团队和产品的准备后，开始设计用户消费路径，搭建线上销售渠道。

慕思设计的用户路径是：用户在直播间观看产品，导购将用户引流至各自的微商城。在短短的10天内，慕思基本上完成了整个组织的重组、社团的搭建，实现了全国上千家经销商都有自己的微商城，相当于开设了一个新的销售渠道。

第三步：借助云办公、直播平台等数字化技术，全员参与，人人都是"网红"。

慕思没有请明星和"网红"，主播都是自己的员工。在姚吉庆看来，慕思在打造一系列的"李佳琦"和"薇娅"。"我们的主播都是素人，为什么还能成功？"姚吉庆解释到，除了慕思的品牌力和产品力，素人背后其实有很强大的线下服务支持，这场500万人观看10万人买产品的直播，背后有近1万人在线服务。在直播的过程中，每个导购员、睡眠顾问都在跟自己的顾客互动并解答问题。"这是跟普通直播不同的一点，否则卖这么贵的东西怎么卖得动？"姚吉庆笑称。

慕思能够在10天之内完成全国各地的微商城建设，建立91个微信营销团队，动员全国1万多人同时参与这场"战争"，并在一个月内实现了一场成功的全国大型直播，靠的是数字化技术与成熟的用户运营体系的支持。这让慕思做到了在远程办公、在线协同模式下的"信息透明化、管理扁平化、组织网状化"。

2.1.2 打通线上与线下用户场景

从慕思通过"三步走"的策略成功实现销售增长的案例中，我们能够总结出：

第一，在业务层面上建立线上销售渠道，产品线上化，达到"把线下客户带到线上去销售"的目标，这是传统线下零售企业打通线上消费场景的第一步。

第二，要做好直播卖货，需要设计好用户的消费路径，通过直播"圈"到用户后，引导用户沉淀到自身的销售平台上，比如淘宝店、微商城、抖音小店等。追求用户增长和促进用户付费转化是连续性的运营动作。

第三，企业通过直播、短视频、微信等私域流量或社交平台聚集用户，并与线下实体店铺组成线上与线下融合的新零售，会成为一种常态与趋势。

第四，面对线上与线下用户消费生态的打通与连接，企业需要借助数字化技术，调整自身的组织结构与管理思路，以适应这种打通后的新的组织形式。

当销售端实现"线上+线下"同步触达用户时，企业的供应链端也要做到同步支持"线上+线下"的用户消费场景，这样才能在销量增长的同时降低经营成本。

有一个发生在传统服装行业的案例：过去，服装行业的销售是按地理区域划分的，各区域经销商为所在区域中的经营结果负责。因为在服装销售价格上不同区域之间有差异，为确保各经销商的利益，区域之间是不能串货的。电商的出现打破了这一规则，当用户发现网上购买某件商品的价格更便宜时，具有价格优势的商家就可以通过互联网把商品卖给那些不在自己区域的用户。越来越多的商家开始在网上开店，互联网成为商家新的销售渠道。

然而，对于商家而言，有多少线上用户只意味着有相应数量线上销售的转化，有多大线下实体店面积也只意味着有相应数量线下销售收益，两者之间并没有产生实质性的互通、互补作用，与线下销售相关的生产、库存、结算和线上依然是泾渭分明的两套体系。而且，线上店铺的运营成本并不比线下店铺的低，那些看起来被省下来的房租、装修、人员费用，变成了线上店铺的进驻费、淘宝直通车投放费、人员运作费以及买各种数据分析和服务软件的费用。电商平台上的卖家花费的广告投放费用、各类促销费用等在不断提高，很多卖家都在高喊：线上的销售额越高，亏得越多。

企业增加了线上销售渠道，随之也提高了经营成本，因此最终获得的实际利润可能并没有增长。如何降低运营成本、提高总体的销售利润、打破收益天花板，成为传统零售与电商行业共同需要解决的难题。

2.1.3 盒马鲜生的新零售

那么，做到在前端销售和后端供应链上同步打通"线上+线下"用户消费场景，会给企业带来怎样的收益增长？阿里巴巴的盒马鲜生已经给出了答案：通过这种打通，盒马鲜生做到了坪效①是传统生鲜超市的 2~3 倍，打破了传统生鲜超市的坪效天花板。

盒马鲜生是如何在前端销售和后端供应链上同步打通"线上+线下"用户消费场景的？首先，盒马鲜生设定了两个业务目标。

第一个目标：做到线下往线上引流，且线上的收入大于线下的，实现规模效应。

第二个目标：整个供应链体系能够同步服务线上与线下两端销售，且在做到冷链物流成本可控的前提下，实现门店 3 千米半径内 30 分钟完成配送。

盒马鲜生坚信生鲜品类的突破要从线下实体店切入，通过数据将线上和线下打

---

① 坪效，一种衡量商场经营效益的指标，指在单位时间内每平方米营业面积上所产生的销售额。

通，才能打破传统生鲜电商销售效率增长的天花板。围绕这两个目标，盒马鲜生首先做了一个大胆的尝试——在超市里做餐饮。用户在盒马鲜生超市中买了海鲜后，可以在超市内部的餐饮区直接加工并品尝。当这个餐饮区开设后，很多逛超市的用户在看到餐饮区中大快朵颐的食客后，忍不住把计划带回家烹饪的食材当场就加工、吃掉了。

盒马鲜生这一个大胆的尝试，给了用户对海鲜产品品质直观的验证。当用户吃完之后感觉"真好，真不错"时，盒马鲜生的第一个目的就达到了。用户只要打开盒马App，翻看吃过的美食产品，他的大脑和身体依然能够感受到在盒马鲜生店铺里大块朵颐的美食体验。用户品尝美食的愉悦情绪和盒马鲜生之间建立了新的联系，而用户这种愉悦体验的再次被唤起，也促进了盒马App端的线上交易量激增。例如，皮皮虾和小龙虾就是非常受用户欢迎的爆款（参见图2-1）。

图 2-1　盒马 App 的界面与超市餐饮区

2.1.4　线下往线上导流

为了导流，盒马鲜生祭出"大招"——在盒马鲜生必须用盒马 App 或者支付宝

App才能买单，不收现金。在盒马鲜生上海金桥店开业初期，因为不收现金，导致一些年长的阿姨在收银的最后时刻扭头走人，甚至还有人向媒体投诉盒马鲜生，而盒马鲜生宁愿损失一定的销售额，也要坚持"你不装App，我就不卖给你"的原则。盒马鲜生坚持"不收现金是底线"的关键原因，还是为了让线下的用户体验与使用盒马App的线上用户体验形成强联系，达成"把用户从线下往线上引流"的目标。事实是，那些离开盒马鲜生的阿姨又回来了。因为盒马鲜生"线下+线上"的消费体验好，她们在家让孩子装好盒马App，又回来购物了，甚至那些从来不会网购的老太太，也学会了足不出户使用盒马App购买在盒马鲜生超市里有过满意消费体验的产品。

盒马鲜生的用户不仅进行了线下的现场消费，还带来了过去所没有的线上高回购率。因此，在线下场景中放大用户的消费愉悦感，能够加强用户再次消费的意愿。在确保产品品质一致的前提下，当能够在线上与线下的消费场景之间进行自由切换时，有更多的用户会带着这种愉悦的消费体验转到线上进行消费，享受足不出户的便利。通过这种线上与线下的打通，盒马鲜生实现了从线下往线上引流的目标。

盒马鲜生打通用户的线上与线下消费场景后，就突破了传统生鲜超市只能服务线下客户的局限，也打破了传统生鲜超市"坪效=线下收入/店铺面积"的效益结构。传统生鲜超市的销售额和店铺面积正相关，即使天天人满为患，带来的单店收益依然可以清晰地看到天花板。要增加销售额，只有增加店铺面积，而增加店铺面积就意味着增加租金、管理人员等成本，这是一个死循环。当打通用户的线上与线下消费场景后，盒马鲜生的效益结构就变成"坪效=（线上收入+线下收入）/店铺面积"。在这种结构下，如果做到线上的销售额与线下的相同，就意味着盒马鲜生单店的总体收入可以翻倍，如果线上和线下的销售额比例能做到2∶1，那么，同样的店租所产生的收入，将会是原来的3倍。这就是盒马鲜生要求用户必须通过盒马App来买单的最终目的。

在这个效益结构下（参见图2-2），盒马鲜生有机会做到传统生鲜超市坪效的2倍以上。据盒马鲜生CEO侯毅透露，盒马鲜生用户的黏性和线上转化率相当惊人，营业半年以上的成熟店铺线上订单量占比已超 50%，而盒马鲜生在上海的第一家实体店，线上订单量占比甚至已达 70%，即线上是线下的 2 倍以上。

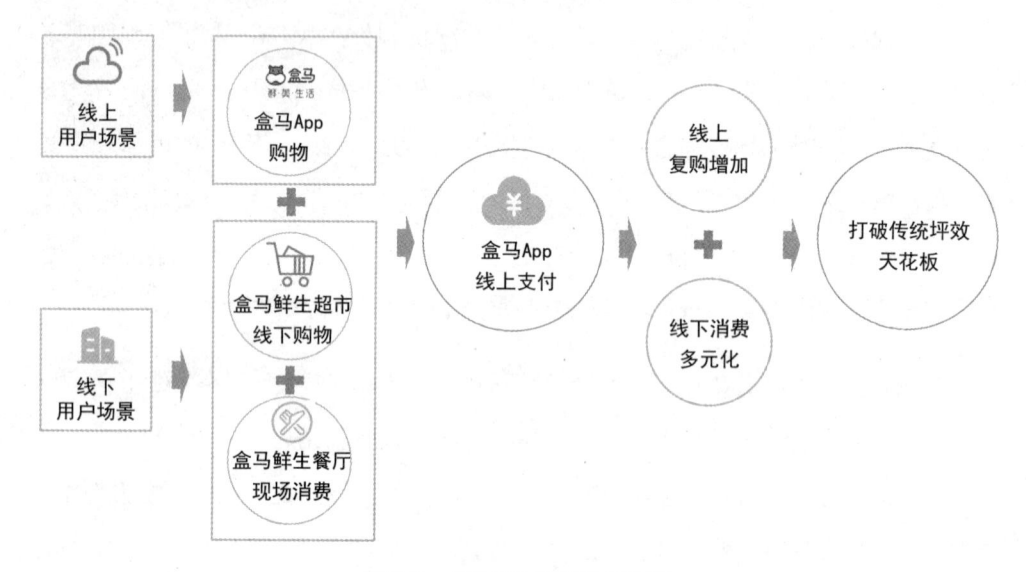

图 2-2　盒马鲜生的效益结构图

2.1.5　前店后仓模式

盒马鲜生是如何实现第二个目标的？一套供应链体系同步服务"线上+线下"的销售端，并实现门店 3 千米半径内 30 分钟完成配送，盒马鲜生采用了两个办法：

第一个办法：采用前店后仓的模式，让线下商品离用户更近，更有即得性。

第二个办法：让物流变得更快，通过提高速度来"拉近"商品与用户之间的距离。

当用户在盒马 App 中下单后——订单数据抵达盒马鲜生的数据库——拣货员收到信息后立刻行动起来，用电子扫描枪识别商品包装袋上的二维码开始拣货（参见图 2-3）。前店后仓的模式，让盒马鲜生的拣货员能够在超市中快速地获得各品类的商品，企业不需要为线上用户设置独立的仓储与冷链体系，降低了供应链的管理与运营成本。

图 2-3 盒马鲜生的前店后仓模式

由于生鲜产品存在保鲜期，越新鲜的食材越受用户欢迎。前店后仓的模式，同步给线下与线上两端用户提供产品，也加快了整个供应链体系中产品的流转速度，在整体上缩短了食材的存储周期，保证了用户拿到的食材的新鲜度，同时还能够减少仓储方面的时间成本。

商品拣选完后，拣货员会把保温袋挂在一个挂钩上，这个挂钩连着一套布置在整个店面顶部的链条传送系统，传送系统会将拣选好的商品传送至负责仓储和物流配送的后仓，商品在那里被整理、打包，整个过程 3 分钟内完成（参见图 2-4）。

最后，盒马鲜生的配送员扫描获取商品的配送信息后，就可以去送货了。后台系统还为配送员计算好了送货的顺序和具体路线。这种基于数据和算法的任务分配方式，大大提高了物流的效率，从用户下单到商品送出，通常只需 10 分钟（参见图 2-5）。

图 2-4　盒马鲜生的链条传送系统

图 2-5　盒马鲜生配送员的取货点

2.1.6　30 分钟送到家

"30 分钟送到家"中剩余的 20 分钟做什么用呢？这 20 分钟就是配送员把商品送到用户家门口的时间。为了确保在 20 分钟内送到，盒马鲜生首先为各门店圈定了一个配送范围，即以门店为中心、半径为 3 千米的圆形区域，面积约为 28 平方千米。同时，盒马鲜生通过大数据算法，计算出每一个配送员的配送路径，保证他们在最短的时间内把商品送到用户手中。

第 2 章 线上连接线下

事实上，"30 分钟送到家"与"店仓结合"的供应链体系包括常温物流、冷链物流、中央厨房、鲜活海鲜的物流配送中心和暂养池等。盒马鲜生通过大数据算法赋予了供应链体系学习用户的需求走向的能力，可以对用户进行消费行为的预测式分析：什么货需要多备点？什么类型的产品用户更喜欢，是未加工的食材，还是烹饪好的成品？用户通过手机 App，可以获得更多的食材及加工服务的选择。

这种可以预测用户需求的系统，已经开始改变用户与商家之间的供需关系。原来是商场里有什么，用户就买什么，随着商品配送服务的提升，开始变成用户需要什么，商场就提前准备什么。这套在大数据算法赋能下能够同步服务"线上+线下"销售端的供应链体系，线上与线下打通的供应链体系，不仅促进了盒马鲜生前端销量的增长，也在重新定义用户与商品的供需关系。

在短视频、直播电商、私域流量大行其道的时代，一方面，线下传统模式与线上新模式的边界变得模糊，另一方面，用户已经建立了线上与线下场景自由切换的消费习惯。

2020 年新冠肺炎疫情期间，盒马鲜生逆流而上担负起了阿里巴巴驰援武汉的使命：以武汉 18 家门店为中心成立了专业团队，为武汉医护人员定向提供生活保障。并且，盒马鲜生承诺：尽全力确保货架上的蔬果是满货状态，春节期间不打烊、不涨价。支撑盒马鲜生的底气来自于大数据算法，以及能够同步服务"线上+线下"销售端的供应链体系。

据说，亚马逊创始人贝佐斯曾专程去盒马鲜生上海金桥店参观，回国后高价收购了美国全食超市（Whole Foods），这也是当时亚马逊进行的最大一笔并购交易。与盒马鲜生类似，全食超市在美国提供优质的天然有机食品，并倡导健康生活理念。盒马鲜生让贝佐斯看到，在大数据算法的赋能下，打通线上和线下的用户消费场景与供应链体系，才有机会打破传统坪效的天花板，让企业获得飞跃式的用户付费增长。

2.2 借助私域流量打通街区消费场景

盒马鲜生通过打通线上与线下消费场景之间的隔阂，让用户拥有"线上+线下"完整的用户体验，突破线下店铺的空间局限性，做到了传统生鲜超市两倍甚至更高的坪效。这就是一种区别于过去的全新零售模式，但这绝对不是终点！

是不是只有盒马鲜生、每日优鲜这种备受巨头和资本青睐的公司才能通过打通线上与线下的消费场景，突破变现收益的天花板呢？当然不是！传统线下门店、草根创业公司，可以借助社群、微信等人人都能够接触到的私域流量，打通线上与线下的消费场景，突破门店面积与客流量的局限，获得变现收益的突破。

2.2.1 成都秀丽东方幸福场街市

成都市锦江区三圣街道的秀丽东方园区被拆除之后，秀丽东方幸福场（一条颇具人气的主打赶场文化的生鲜特产街市，有一定的扶贫助农性质）（参见图2-6）通过私域流量的运营，在短短一年时间里，从一个线下传统街市转型成为吃喝玩乐一条龙的线上商城，不仅聚集了人气，还创造了十几倍于线下交易量的增长。

过去的秀丽东方，虽然人来人往、熙熙攘攘，但并没有为幸福场运营方沉淀用户的年龄、联系方式、购买习惯、消费频次等数据。用户来去如风，和幸福场运营方没有直接联系。现在，幸福场一方面对线下场所进行改造升级，另一方面通过微信公众号持续发声，结合幸福场便宜农产品的超级吸引力，把流失的用户再次聚集起来。

图 2-6 秀丽东方幸福场街市

用户来秀丽东方幸福场逛生鲜特产市场，只有先扫码关注微信公众号后才能免费进门，在购物结账时，必须通过微信公众号里的线上商城付款，不能直接支付钱款给商家。同时，幸福场的线下生鲜特产市场中还贴着不同小区负责人的微信二维码，引导用户进入社区微信群。习惯线上购物或者团购的用户，可以在社群里选择喜欢的商家团购心仪的商品。那些离开市场的商家，依然能够通过社群和用户保持长期连接，并通过社群团购等方式让用户持续买到自家的产品。从图 2-7 中，可以看到幸福场私域流量的用户路径。

秀丽东方幸福场通过私域流量的运营，让线下实体商家和线上销售渠道发生连接，把货从线下卖到线上，让幸福场这个生鲜特产街市迅速转变为拥有 100 万名用户的生活服务商。通过微信公众号+社群，幸福场不仅把线下的用户转化成线上用户，还让用户和实体商家的交易从线下转移到了线上。如此一来，商家的服务范围扩大了，收益也提高了。在幸福场再次开业的时候，创造了 2.5 天卖了 5 万斤山西"丑苹果"、3.5 天卖了 25 万斤米易番茄的纪录。这在过去是很难想象的成绩。

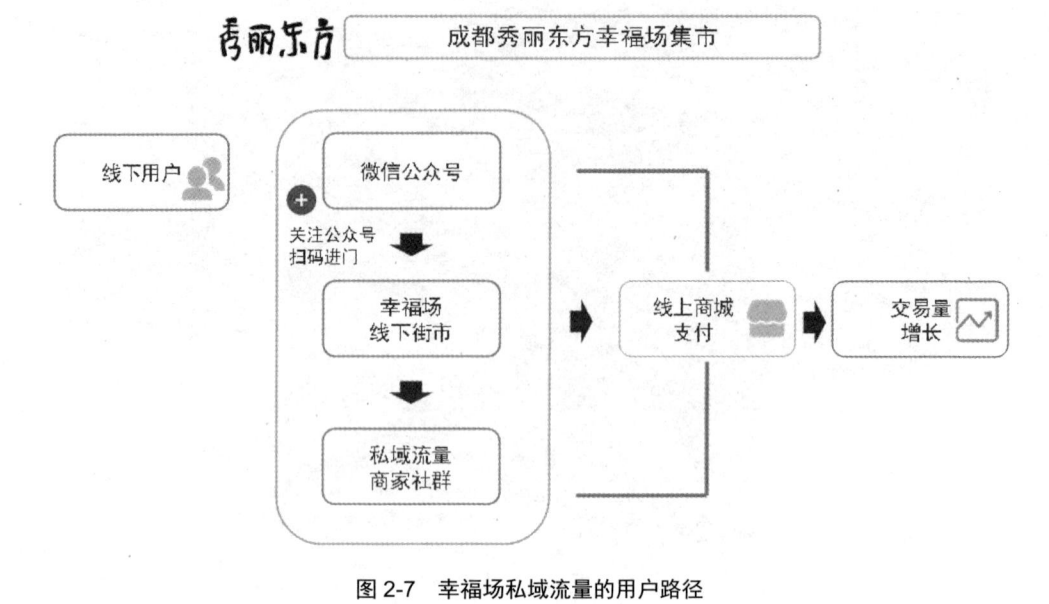

图 2-7　幸福场私域流量的用户路径

2.2.2　社区菜场——钱大妈

诞生于广州的"社区菜场之王"——钱大妈（参见图 2-8），门店 SKU 只有约 500 个，通过私域流量打通线上与线下用户消费场景，突破了门店的坪效天花板。一般来说，传统线下生鲜市场想要实现当天的菜品当天卖完，只有两种方式。

第一种方式：减少进货数量，降低库存。但这样每天的库存可能会满足不了顾客的采购需求，自身的利润也会受影响。

第二种方式：在货卖不出去的时候甩卖，采用诸如买一送一、五折优惠等方式销售。虽然这样有一定的清货效果，但会让用户觉得是在买马上过期的劣质产品，无法给到用户优质的用户体验，利润就会减少。

图 2-8 社区菜场——钱大妈

钱大妈能做到在服务好消费者的情况下，每日清空库存并且盈利。这是怎么做到的呢？钱大妈主要通过以下两招。

第一招：不卖隔夜肉。钱大妈首先瞄准的是晚上 7 点后的用户，采用随时间变化的递进式打折促销手段，每天晚上 7 点开始打九折，每隔半小时售价降低一折，直至晚上 11 点半，全场菜品免费送。这一招非常有效！一到晚上 7 点以后，钱大妈店内就排起了长龙，小小的店面内人头攒动，打折促销、免费送带来的紧张感大大刺激了顾客的购买欲，争相购买想要的菜品。最终的结果是，钱大妈每日都能清空库存，获利满满。

第二招：打造高转化私域流量池。钱大妈建立了自己的客服社群，通过社群提高用户买菜的便捷性。客服人员每天把当天的菜品和优惠信息发到微信群里，用户想买什么菜，可以让店员拍照，确认后随时随地在微信群里下单，满 38 元还包配送，并且半小时内送上门。对于上班族或是懒得出门的人来说，这是十分便利的。

钱大妈的客服人员每天晚上会定时在微信群里发红包，金额不大，手气最好的用户还会获赠一样菜。不要小看这样一个操作，这可是一个精心设计的消费者心理博弈：

用户高高兴兴地抢红包，高高兴兴地去门店领奖品，然后顺便在门店里把第二天需要的其他菜买了。用红包和抽奖来"盘活"用户，付出的成本很低，却带来了意想不到的效果：一来提高了微信群的活跃度，二来解决了复购问题，一举两得。

钱大妈的社群不仅发挥了促进交易的作用，还成为建立并巩固用户信任的桥梁。只要有用户在微信群里反馈买到的菜有质量问题，客服人员一定会无条件退款，这大大解除了用户的顾虑。在门店营业结束后，店员会把货架的照片发到微信群里供用户监督。钱大妈的这个操作，解决了人与人之间信任的"最后一厘米"问题。

2.2.3 低成本的私域流量

能够打破线下门店坪效天花板的模式就是好的变现模式。秀丽东方幸福场与钱大妈借助私域流量打通线上与线下用户消费场景之间的隔阂，并通过私域电商赋能传统实体门店，最终突破线下门店坪效天花板。可见，打通线上与线下用户消费场景不是盒马鲜生的专利，也不是只有"财大气粗"的企业才能去做，类似于幸福场与钱大妈这样的传统线下门店都可以尝试。

传统线下商家，要打通线上与线下的用户消费路径，用好私域流量是成本低而效率高的有效方式，在实际操盘的时候有以下几个注意点。

第一，打通线上消费场景，其目标是突破线下门店在地域、面积、客流量等方面的局限性，增加用户量、提高用户复购率[1]与总成交量。

第二，有意识地组建自己的私域流量池，例如努力把用户沉淀到客服微信公众号与业务经营微信群中。只有把用户沉淀到私域流量池中，商家才能够通过诸如微信朋

---

[1] 复购率，重复购买率的简称，通常指根据消费者对某一产品或服务的重复购买次数计算出来的比率。复购率的常用计算方法有两种，一种是重复购买用户数量/用户样本数量，一种是重复购买用户的交易次数/用户样本数量。

友圈、微信群等持续地触达用户、服务用户。

第三，建立基础的微信公众号，并把相关的服务、产品持续地推送给用户。在这个基础上，把微信公众号与客服微信个人号、微信群打通，让用户在添加微信个人号或加入微信群后，能够关注微信公众号。

第四，借助发达的物流体系、美团等外卖配送平台，让产品能够及时送达用户手中。

第 2 部分

跨越用户变现增长

用户的购买决策是一瞬间的体验：买或不买。所以企业从诞生的第一天开始，就需要不断跨越用户变现增长。

第 3 章　用户变现运营体系

如果把企业比作一部手机，用户变现增长体系是企业的底层操作系统，短视频、私域、直播都是上层的 App。有人说："通过流量渠道获取了很多用户，却无法正确打开用户的钱包。"直播、短视频、社群等，都是企业走向用户的市场渠道，是企业与用户连接的桥梁。驱动企业不断拓展用户渠道的是企业生存、获利的发展需求，因此，能够让企业获得用户变现增长的运营体系，是企业的底层操作系统。

当企业有足够大的用户数量，却无法获得足够高的用户变现转化率，进而带来更高利润时，就表明企业的用户变现增长体系出现了运行不畅。当这种不畅持续并放大时，就会导致企业这部手机的操作系统崩溃，所有的 App 也就全废了。

3.1　从抓对用户刚需开始

从 1999 年至本书撰写时，在这风起云涌的 20 多年时间里，中国互联网不仅历经了 PC 互联网时代的电子邮件、电子商务、门户网站、即时通信软件、搜索引擎的诞生，而且见证了移动互联网时代的视频、团购、O2O、新零售、知识付费、短视频、直播的崛起。根据 CNNIC 发布的数据，从 2009 年至 2019 年的 10 年里，中国网民规模增长了近乎 2 倍。在这个"万物生长"的过程中，涌现出一批现象级互联网公司：美图、Keep、小红书……

持续获得用户变现增长是一家公司生存的核心供血能力，但依然有些公司，一方面"收割"了大量用户，画了一条用户数量猛增的上升曲线，另一方面却在财务报表中画出了一条增长缓慢甚至不增长的盈利曲线（例如某款拥有上亿名注册用户、月活跃用户数上千万的健身 App）。企业出现这样的问题，通常是因为在从用户数量增长迈向用户付费增长的运营过程中，犯了三个错误。

3.1.1 用户伪刚需

企业在追求用户变现增长的过程中，容易犯的第一个错误是：弄错用户刚需，抓了伪刚需。下面拿前面提到的那款健身 App（下文简称 K）举例，其盈利之路走得很曲折。某年底，K 的 CEO 认为：电商业务的成败将决定 K 的生死。次年，K 上线了商城，贴牌出售运动周边商品，从健身工具向电商平台转型。然而这次转型并不成功，未能达到 CEO 所期望的盈利目标。

分析 K 那次转型失败的原因，笔者认为是对用户刚需的认知出现了偏差。在健身场景中希望用户发生购物行为，并不现实，甚至有用户在知乎上"吐槽"："K 凭什么剥夺我对一个纯粹的健身软件的体验？搞什么电商？难道在我跑步的时候还得抽空打开它买东西？"对于一个提供健身场景服务的 App，健身是用户刚需，购物不是刚需。即使拥有上亿用户，如果提供的产品、服务不是用户的刚需，就无法让用户产生购买行为。

因此，在从用户数量增长往用户变现增长的转化上，企业首先要抓准用户刚需，只有提供能满足用户刚需的产品或服务，用户才会买单。假如你在抖音、快手上通过优质内容"圈"了一批用户，却无法让用户发生变现转化，那么首先需要检查一下，你提供给用户的产品是否能够满足用户刚需。大部分在用户变现之路上卡住的企业，常犯的第一个错误就是弄错用户刚需。

3.1.2 用户刚需

企业如何定位用户刚需？

什么是刚需？可以这么定义刚需：一件商品，无论价格多高，消费者对它的需求量都不变，这种需求通常就被称为刚需。笔者认为，无论科技怎么发展，人们对衣食住行的需求都不会有多大改变，因此，人们在衣食住行方面的生理需求是最基本的刚需。企业定位目标用户的刚需，第一步就需要从衣食住行出发，围绕用户刚需做出满足用户需求的产品，进而正确打开用户的钱包。

企业在追求用户变现增长的过程中，容易犯的第二个错误是：线上场景与线下场景没有打通或者无强联系，提供给用户的消费场景不完整，最终造成用户不买单，甚至把钱付给了竞争对手。

K 在创立之初，就遭遇一个尴尬的问题：当一个健身"小白"在 K 平台上养成健身习惯、成为重度用户后，转而把健身费支付给了线下健身房，然后在健身房中打开 App，跟着 K 的免费视频教程做运动。整个过程 K 并没有收到用户的一分钱。为了打破这种局面，K 尝试在线上 App 之外，走硬件、实体店等线下路子，以覆盖更多的场景，建立更加完整的闭环。后来，K 在北京开设了一家线下健身门店，主打小团课，期望借此打破"K 只是在为专业健身房教育用户"的局面，使 K 不仅能留住有价值的核心用户群，还能够承担用户变现的使命。然而，早已在健身领域"圈地"、抢用户的诸多健身品牌，在价格和服务上已经占据了优势，K 在线下并无优势。这次商业化突围没有达到预期目标。

分析其原因，在于 K 设计的线上用户场景和线下用户场景无强关联。用户在任何健身房都可以使用 K，同时，在 K 的健身门店中也没有获得比其他健身房更有优势的服务。距离远近、交通是否便利、硬件设施是否好，是用户选择健身房的硬标准，和是否使用 K 这个 App 无关。

在数字化时代，我们每个人都同时生活在现实世界与互联网这个虚拟世界中，因此一个完整用户场景的设计，应该能够连接线上和线下的用户场景，并通过这种连接打通线上与线下的用户路径，让用户能够自由地在线上场景与线下场景之间切换。小到在社区小店买酱油、使用微信线上支付，大到去盒马鲜生超市购物，回来后发现购物有遗漏，依然可以通过盒马 App 在线上下单，享受 30 分钟送到家的服务。

笔者给 K 的第一个建议是：要解决线上和线下用户场景打通的问题，不是从搭建同质化严重的健身房入手，而是需要寻找能够产生连接的介质。比如在 K 上给各大健身房的健身教练开设线上直播或者录播课程的路径，让健身教练可以通过 K 把健身课程卖给用户，反过来，也可以让那些在 K 上购买了健身课程的用户就近约教练，在健身房现场教学。

第二个建议是：K 的上亿用户与抖音和快手的用户有巨大的重叠，K 可以通过短视频与直播打造健身"网红"，并形成自己的专属健身"网红"IP 矩阵，与付费健身课程、线下健身房、自身 App 业务形成多维度的关联，进而引导用户为相关健身服务买单。

3.1.3 直播+电商

企业在追求用户变现增长的过程中，容易犯的第三个错误是：过度依赖第三方服务商，比如直播"网红"和 IP 等，导致企业与用户关系弱化，流量主动权拱手让给第三方服务商，企业营销成本上涨。这个现象在直播电商领域尤为明显。

在"直播+电商"营销模式中，电商平台对主播的依赖程度较高，主播的专业能力直接影响直播效果。主播对产品的了解是否充分、能否带动直播时的气氛等都会影响销售业绩。例如，"口红一哥"李佳琦在成为主播之前做过化妆品导购，具有专业素质。因此在直播时，他能够针对产品的特点进行有针对性的销售。如果主播的专业素质不够高，低质量的直播不仅会导致用户变现转化率低，而且可能会对产品的品牌起到负面影响。

以主播为中心的营销方式可能会带来商家与用户关系淡化的问题。在这种模式下，与用户直接沟通的是主播，用户的消费需求等资料沉淀在主播手中。对于商家来说，这种模式降低了其在用户消费决策过程中的影响力，长此以往会弱化其对用户运营的把控能力，把能够产生付费转化的用户沉淀给了主播。而且，以主播为中心的模式会带来商家营销成本上涨的问题。主播圈也存在"二八定律"，头部主播带货能力一骑绝尘。因此，不少商家在推广产品时，更倾向于和头部主播合作，这刺激了头部主播的直播价格上涨，从而推动了商家的用户营销成本上涨。

3.1.4　直播电商的三种运营方式

为了更好地掌握用户流量的主动权，加强与用户的联系，降低用户营销成本，不少商家开始尝试自己做直播。结合实际操作经验，笔者总结了三种直播电商运营的方式。

第一种方式，在投放"大主播"的同时开通店铺直播间，在"大主播"下播（结束直播）后通过直播间导流，用限时、限量、限价等方式做促销。某品牌商家曾用这种方式促成了60多万元的转化。

第二种方式，与10万级别粉丝量以下的主播开展纯佣合作，设定订单的ROI（这里指转化率）标准，若连续几个月 ROI 低于预期就停止合作。这种合作方式的优势是灵活，可以与更多的主播合作，能够挑选出适合自身的主播，剔除不适合的主播。好的主播不仅仅了解粉丝、有特点、善于控场，还具有对产品卖点的专业理解能力。主播需要在几分钟的时间内言简意赅地介绍产品的细节、特点、利益点，让用户产生信任感，认为主播了解这款产品，这样更容易发生成交转化。

在实操过程中需要注意一点：这种方式需要的人员比较多，随着主播数量的增多，对接的人员也越来越多。一个运营人员对接 30~50 个主播是常见的量级，而对接 50 人以上则会降低效率，更容易出错。

第三种方式，与 MCN 机构合作。这种合作通常采用固定月服务费+佣金的模式，根据 ROI 来谈固定费用，提前测算 ROI 以及月出单量，如果机构当月没有达到设定的出单量，下个月需要补播，直到完成。这种以机构为单位的合作模式更为简单、直接，也能为品牌聚拢一批中小主播，增大市场份额。这种方式运用成熟之后，可逐步替代第二种方式。

显然，"粗放"的用户流量红利期已过去，一个真实而且残酷的现实呈现在我们面前：在短视频、直播时代，"圈"到大量用户就可以赚到钱的玩法行不通了。有用户，有付费，企业才能实现短视频变现、直播变现，最终获得现金流的真正增长。新的短视频、直播时代，在企业从用户数量迈向用户变现的增长之路上，我们面对的问题远远不止前面提到的那些。

- 如何正确抓住用户刚需？
- 如何同时运营好线上与线下的用户？
- 如何同时运营短视频、直播、私域等多种渠道的用户？
- 如何同时运营首单、复购、静默……这些不同类型的用户？

……

面对用户变现增长之路上的诸多问题，我们需要通过系统的用户运营来达成目标，为企业构筑一个具有持续吸金能力的底层操作系统，这也正是本章要让你获得的增长能力。

3.2 哪些数据指标是你的增长目标

有些朋友曾向笔者请教如何获得"用户增长"。笔者会先问他一个问题：哪些数据指标是你的增长目标？

有相当一部分人在意识到用户需要"增长"的时候，并没有明确且清晰的目标，以至于在面对"用户数量""用户点击量""用户观看时长""首单转化量""复购转化订单量""流失用户召回率"等多样的业务增长目标时，无法精准地判断哪些与业务相关的数据指标是自己的增长目标。

拿短视频领域来说，无论是新进入此领域的"小白"，还是已经积累了几十万个粉丝的"大咖"，如果正被挡在短视频变现的大门外，本质上也是没有明确业务增长目标导致的。

当你在抖音或者快手上开始经营短视频和直播时，就需要开始思考：

- 是否以积累粉丝数量为目标？
- 是否以打造爆款内容为目标？
- 是否以做知识付费达人为目标？
- 是否以搭建短视频矩阵为目标？
- 是否以直播卖货为目标？
- ……

这些不同的目标，决定着你要获得何种类型的用户行为的增长，以及是否具备用户变现增长的可能性。

3.2.1 用户交易行为的增长目标

如何清晰定义业务增长目标呢？有两种方式。

第一种方式，用数据来定义业务的增长目标。比如你在策划短视频内容，就需要非常清晰地把人均视频播放数和人均播放时长这两个数据指标作为用户行为的增长目标，有针对性地提供"用户喜欢的短视频内容"。否则，团队的小伙伴很可能会把每天的视频上传数量、活动的参与人数等作为业务目标，这就会造成内容足够了、用户成交转化率不达标的情况。

第二种方式，对用户交易行为进行分类，区分新用户首单行为和老用户复购行为，围绕特定的目标用户制定有针对性的用户变现增长方案，达到高效利用流量、最大化变现和盈利效率的目的，这在电商领域是常用的运营手段。

定义用户交易行为增长目标的本质，就是通过交易数据区分用户类型，进而制定有针性的多样化用户营销策略。比如首单转化的目标人群是新用户，复购转化的目标是老用户。首先要准确地区分首单、复购、流失用户召回等多种增长目标，搞清楚目标用户究竟是哪一类用户，才能让团队目标明确地开展业务，实现用户变现增长。上述第二种定义用户行为的增长目标的方式是在互联网电商领域常用、有效的方式。

在短视频、直播电商领域中，有相当一部分商家没有区分目标用户的意识，并认为：用户都积累在主号中，推出的营销活动能够同时被新、老用户看到，有必要区分吗？答案是：当然要准确定位目标用户，区分不同用户群体，不区分意味着你无法进行用户的差异化运营，无法充分挖掘用户池的潜在价值。

3.2.2 抖音 IP 矩阵

拿"樊登读书"举例，它始终围绕清晰明确的业务增长目标（一亿个粉丝），制定有效的用户运营策略，通过搭建在抖音生态中的 IP 矩阵，建立属于自己的抖音用户运营体系，达到一年"涨粉"上亿个的目标。

为达成这一目标，"樊登读书"将总目标拆解成三个细分目标。

第一个细分目标，搭建由几百个抖音号组成的"樊登读书"抖音 IP 矩阵。围绕这个目标，"樊登读书"运营团队研究了抖音的流量分配机制，建立了几百个"马甲"账号高效率获取用户流量。"樊登读书"选择这套"马甲战术"的目标并不是为了"红"，而是为了品牌曝光和引流做转化。要让总体的视频播放量、粉丝转化量足够大，几百个"马甲"账号同步运营的策略要比集中运营一个账号更加高效。

"樊登读书"充分利用抖音的流量分配机制为这一目标服务。抖音的流量分配是去中心化的，在一个短视频作品发布后，抖音会将它推荐给一部分用户观看，之后根据这些用户的反馈决定是否将该作品推送给更多的用户。因此，在抖音的这种流量分配机制下，一个账号的粉丝再多、内容再优质，，其作品也就是在抖音的流量池内跑一回，传播效率很有限。而"樊登读书"开了几百个"马甲"账号，一起分发内容，就跳出了抖音这一规则的限制，同样的内容可以在抖音的流量池里跑几百回，传播扩散的效率呈现上百倍的增长。

为了完成搭建抖音 IP 矩阵的目标，"樊登读书"的运营团队充分利用原有 App 中的视频资源，批量制造短视频，以满足几百个"马甲"账号对内容的巨大需求。具体的方法是，在"樊登读书"App 的视频版块里，选择用户观看数量、观看时长等数据较好的演讲、采访、课程视频，通过剪辑处理成短视频，再上传到抖音中。这样的操作方法，可以确保一天输出五六条短视频。在短短一年内，"樊登读书"抖音号就上传了上千条短视频。有了内容产品的高产量支撑，由几百个"马甲"账号组成的"樊登读书"抖音 IP 矩阵迅速地建立起来。

由此可见，"樊登读书"的用户运营策略和以做"红"一个 IP 为目标的短视频运营策略有着极大的区别，目标不一样，用户运营策略也不一样，最后拿到的用户增长结果也有很大的区别。

3.2.3　抖音数据算法

"樊登读书"设定的第二个用户增长细分目标是：建立以数据模型为支撑的抖音用户运营体系。要在抖音平台上依靠数据模型来搭建用户运营体系，需要清楚抖音算法的规则。在现实中，抖音的算法要复杂得多，影响最终流量分配的不单是内容质量、用户反馈，甚至还包括了环境因素。比如，同样的内容、同样的用户，早晨发和晚上发，最终获得的流量也可能完全不同。大部分抖音运营团队表示不清楚抖音的具体算法，只能靠打磨内容来力争获得用户观看数量和时长的增长，但"樊登读书"通过几百个"马甲"账号的同步运营，找到了抖音算法的一些规则。

"樊登读书"对自己的抖音"马甲"账号进行差异化定位，分别选取了职场、情感、亲子等热门话题，这些定位就是一个个不同的标签，让"樊登读书"可以从不同维度建立起用户数据评价体系。在这个评价体系下，"樊登读书"运营团队将短视频内容分成了干货、有趣、新知、情感等维度，在上传每一个视频之前，都会依据这些维度进行打分。总分越高，意味着该视频质量越高，越容易成为爆款。当视频发出去后，"樊登读书"根据实际的播放数据判断之前的打分是否准确。如果总分排名和实际的数据反馈一致，就说明模型准确；如果反馈不一致，就说明模型出现了偏差，需要修正，研究到底是哪个维度评分不准。以这个评价体系为数据分析工具，"樊登读书"运营团队通过几百个"马甲"账号同步分发内容来进行海量视频试错，收集到足够多的数据，进而在一定程度上分析出抖音流量分配算法的规则，建立起能够支撑用户增长体系的数据模型，然后通过这个数据模型来不断优化和壮大"樊登读书"抖音用户运营体系。

因此，针对不同的用户变现具体业务增长目标，用户营销团队采用的技术手段、数据分析标准、业务决策依据也会有所不同。数字化时代，任何围绕用户变现增长的营销活动都需要数据来支撑，企业需要设定符合自身用户增长目标的数据标准，并不断积累相关数据，进而通过大量的数据分析逐步掌握用户行为的规律与平台算法规则，为获得最终的用户变现增长建立起数据支撑模型。

3.2.4　DOU+投放

"樊登读书"设定的第三个业务增长细分目标是：DOU+高ROI（这里指投放效果）。在完成建立抖音IP矩阵和抖音用户运营体系的目标后，"樊登读书"开始了"收割"用户增长的关键一步：打造爆款视频。"樊登读书"在进行"DOU+投放"的时候，设定了一个基本公式：投放量=粉丝数/播放量。"樊登读书"的运营团队会对往期的视频播放数据进行分析，并设定一个临界点，一旦用户观看量和观看时长达到或超过这个临界点数值，就开始做"DOU+投放"。依靠这个有数据参考的投放体系，"樊登读书"的运营团队做到了投放8000元带来50万个新粉丝的高ROI（这里指投放效果）。因此，以数据为参考，设定阶梯式投放策略，不仅适用于"樊登读书"的运营团队，也适用于你的用户推广策略。除"DOU+投放"外，其他的渠道也可以采用"设定基本投放公式+阶梯式投放"的方法来操作，多渠道系统性操作能给你带来最大的好处是，整体渠道的ROI高，成本可控。

3.2.5　加盟激励政策

要完成"一年增长1亿个粉丝"这一总目标，除依靠"DOU+投放"的推广策略外，还需要通过分销裂变机制来扩大营销面。"樊登读书"在全国各地拥有上千个加盟授权点（加盟店），从省级、城市级、区县级，到行业、企业（参见图3-1）。

第 3 章 用户变现运营体系

20家省级授权点：陕西、广东、山西、河南、浙江、云南、江西、江苏、湖南、山东、辽宁等

273家市级授权点：西安、长沙、江苏、苏州、郑州、太原、金华、杭州、南京、厦门、深圳、沈阳等

1154家县级授权点：常熟、夏县、遵化、京山、浦东、天河、江阴等

60家海外授权点：洛杉矶、休斯顿、孟菲斯、东京、新加坡、巴黎等

1109家行业授权点，1871家微企授权点

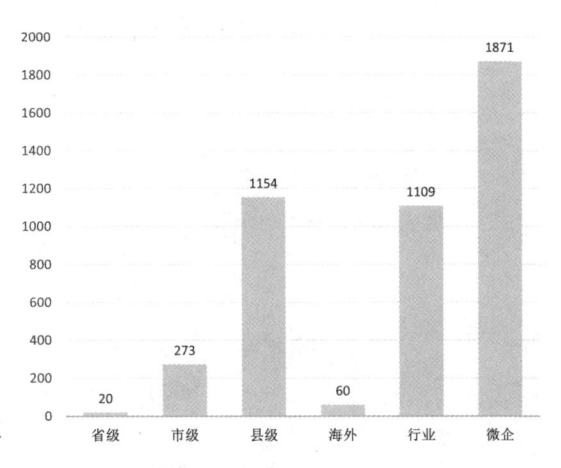

图 3-1 "樊登读书"授权点相关数据

虽然"樊登读书"有几百个抖音"马甲"账号，但总部只需要负责几个主账号，剩下的几百个账号的运营都交给了遍布全国的"樊登读书"加盟授权点。为了让各加盟授权点尽心运营好抖音"马甲"账号，"樊登读书"还设计了一套激励政策：总部出内容，授权点分发；卖"樊登读书"会员产品，提成和销量绑定。在这个基础上，授权点还可以在抖音"马甲"账号中售卖其他商品，甚至还能给自己的淘宝店导流。这个政策极大地激励了各加盟授权点，全力以赴地把抖音"马甲"账号运营好，给"樊登读书"带来源源不断的用户增长与会员的付费转化。图 3-2 展示了"樊登读书"授权点的合作权益。

通过"加盟+变现"激励政策来获得用户数量的增长，然后变现、转化的策略，不是"樊登读书"的专利，培训领域的众多企业都在使用。其本质是，把加盟商的社会资源、关系网、媒体传播力量都纳入自身的用户变现增长体系中，做到用户共同增长、利益共同分享，最终给企业带来的是整个用户变现增长体系的不断发展与壮大。而这一切，都需要在最初就清晰、明确地设定好用户变现增长目标，并始终围绕这个目标进行运营。

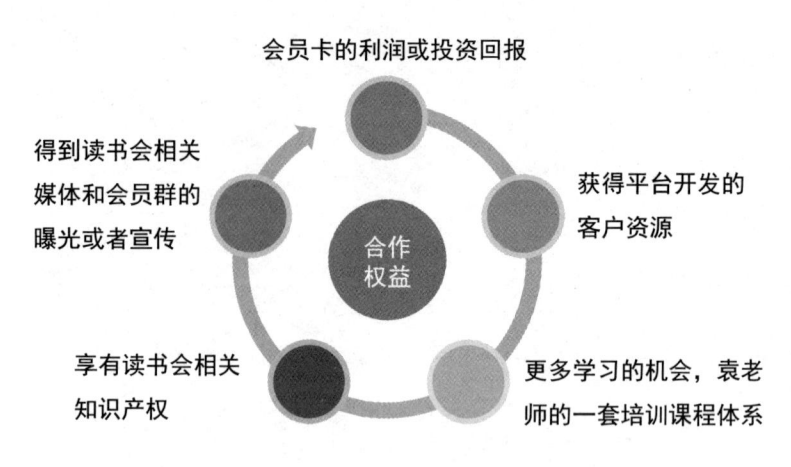

图 3-2 "樊登读书"授权点部分合作权益

3.2.6 星巴克与瑞幸咖啡

除了火热的短视频、直播领域，在新零售领域，明确的目标对企业获得用户变现增长也至关重要。以星巴克和瑞幸咖啡为例，同样是争夺用户，两者在设定用户增长目标上有着明显的不同。

对于瑞幸咖啡来说，从创立到登陆纳斯达克的 18 个月时间里，获得新用户增长是确保其快速发展的核心目标。快速地"跑马圈地"，持续地保证新用户数量及新用户订单数两个数据增长，意味着公司有着巨大的市场潜力，并能够为持续地融资提供有力的财务数据支撑。2020 年 4 月曝出的瑞幸咖啡财务造假事件也在一定程度上证明，用户数与新用户订单数的增长对于从 0 到 1 快速增长阶段的企业的重要性。只有在市场竞争中先积累足够大的用户基数，再通过提高用户首单转化率，获得销售额的增长，才能打赢企业生存的第一仗。

对于咖啡店已经遍布全球的星巴克，其盈利目标是获得销售额与净利润的双增长。盈利目标不同，意味着用户变现增长目标不同。对于企业而言，销售额的增长可以由"新用户首单量+老用户复购订单量"的增长共同推动。其中，新用户首单转化率的增长意味着新用户获取成本的同步增加，而老用户复购订单越多，则意味着在用户获取成本可控的前提下，用户带来的现金流越多，因此净利润的增长主要依靠老用户复购率的增长来拉动。

星巴克的用户增长策略侧重于提高用户活跃度与用户复购率。2019 年，星巴克收购科技公司 Brightloom，加速推进全球门店在移动端的交易能力，并在中国的 35 个城市的 2100 家餐厅开始提供移动支付及送货上门服务。这不仅提高了用户的复购率，还减少了星巴克"铁粉"因工作繁忙而没时间去门店买咖啡的苦恼。同时，为了进一步增加用户购买咖啡的便利性，拉动复购率增长，星巴克推出"啡快"概念店，主要服务于手机 App 点单外卖配送和到店自取的消费者，提高了店铺经营效率。一个自提店的经营成本比传统星巴克门店要低很多，店内只配备 1~2 名咖啡师，店铺占地面积也不大，这意味着可以把人员、店租和装修的费用节省下来，同时能够卖出更多的咖啡。

星巴克推动用户复购率增长的战略并未止步于此，2019 年第三季度，星巴克还与饿了么打通会员体系，用户将共享会员权益和福利。通过打通两个平台的会员体系，星巴克的日活（DAU，日活跃用户数量）有了明显增加。

3.2.7　五个用户变现增长策略

通过研究星巴克的用户变现增长策略，我们可以总结出，对于已经积累了一定用户量的企业，要获得销售额与净利润的双增长，就需要在控制用户成本的前提下，以提高日活与"新用户首单转化率+老用户复购率"为核心的用户增长目标。在大数据技术普遍应用的时代，针对零售行业有以下五个用户变现增长策略可以采用。

第一，打通用户的线下消费场景与线上消费场景，满足用户多样性的购物需求，并利用发达的社会物流，提高用户的线上复购率。

第二，对于有实体连锁店铺的企业，可以考虑类似"咖快"、瑞幸咖啡在办公楼里的自提店的模式，为用户提供多种线下消费场景，适应越来越快的生活节奏。

第三，充分利用美团、饿了么等第三方平台的服务，增加触达用户的渠道，这不仅能提高用户消费的便利性，还能带来新用户首单转化率和老用户复购率的增长。

第四，会员的联合与打通是数字化时代的趋势，没有会员体系的要尽快搭建会员体系，有会员体系的可以尝试着与第三方平台甚至同行的会员体系打通。在用户的选择越来越多、注意力越来越碎片化的时代，运营好用户不仅仅是把用户留下，还要给用户提供更多的增值服务。

第五，从产品端推动用户复购行为的增加。比如星巴克推出的"玩味冰调"系列饮料的杯子可以重复使用20次，第二次拿去星巴克门店，可以作为自带杯购买咖啡，每杯享受4元的减免优惠，这种产品设计大大提升了用户的复购率。

综上所述，无论是新零售，还是新兴的短视频、直播电商、私域电商领域，企业要获得销售额与净利润的双增长，就需要先明确用户行为的增长目标。用户首单转化率及复购率的增长是企业为了生存、增长而努力实现的核心目标。日活、SKU（最小存货单位）数、新用户注册数等业务目标，都是为完成这个核心目标服务的：用户首单转化率增长，意味着企业获得了用户数量与销售额的增长；用户复购率增长，意味着企业在降低用户成本的同时，获得了销售额与净利润的双增长。

3.3　从免费到复购的用户分层运营

移动互联网崛起的时候，企业开始抢夺 App 用户流量，想方设法地把用户留在自己的 App 上；自媒体出现后，企业除了要守住 App 的用户增长曲线，还需要在微博、微信公众号、微信小程序等上面争夺用户流量；进入了短视频、直播时代，除 App、微信公众号这些传统阵地外，企业开始在短视频、直播、私域流量上抢夺用户。随着平台、渠道数量与种类的不断增加与扩展，很多企业在面对用户行为、属性、类型等多样性时，陷入手忙脚乱的境地之中。企业面对的问题通常如下：

- 发布的短视频获赞无数，做直播卖货却效果惨淡；
- 通过"网红"直播带货，货卖出去了，用户却没留住；
- 社群流量上来了，但 App 上的交易量出现了下降；
- 做好了私域流量，公域流量却没守住，用户流失了；
- ……

面对散布在不同平台与渠道中的复杂用户群体，我们是否能在庞大的用户网络中找到那些发生交互作用的用户节点，发现并掌握用户消费行为的规律，进而同步运营好这些用户，并高效地获得整体的用户变现增长？

答案是可以的。面对多样化的渠道与用户，企业要构建适合自身的用户分层变现体系，进而最大化提高整体的用户变现效率。

3.3.1 用户行为标签

到底什么是用户分层？我们在和他人相处时，会习惯性地把认识的人分类，打上标签：有的人是泛泛之交，有的人是君子之交。这是人的社会性本能。给企业用户分类也是一样，例如下面这些分类方式。

- 按渠道分类：有些用户聚集在抖音上，有些用户聚集在微信公众号上，有些用户聚集在 App 上……
- 按地域分类：有些用户在同城，有些用户在其他城市，有些用户在国外……
- 按年龄分类：有些用户是"00 后"，有些用户是"90 后"，有些用户是"80

后""70后"……
- 按交易分类：有些用户从未买过你的产品，有些用户只买过一次，有些用户在反复购买……
- 按用户行为分类：有些用户不停地活跃在你的平台上，有些用户买完东西就走，有些用户点开过你很多产品，有些用户打开一个产品看了很久……

人下意识的行为趋向，是无法抗拒的本性。好的用户分层思维往往都遵循人的本性。所谓用户分层思维是指：根据用户交易行为、用户行为标签、用户属性和地域分布等数据，把用户进行分类、分层，进而建立起满足当前业务需求的用户分层体系。

面对这么多用户分层的逻辑，该选择哪一类作为用户分层的起点与基础呢？

3.3.2 首单与复购

前面讲到，要获得用户变现增长，就需要从明确用户增长的目标开始。既然目标是通过用户付费行为的增长给企业带来交易量的增长，那么与交易有直接关系的用户分层逻辑就是建立用户分层体系的起点与基础。分开非付费用户与付费用户是分层的第一步，然后对用户的交易行为做进一步划分，包括首单行为、复购行为两种。这样，根据三种不同的交易行为把用户分为三层（如图 3-3 所示）。

第一层：新用户（非付费用户）；

第二层：首单用户；

第三层：复购用户。

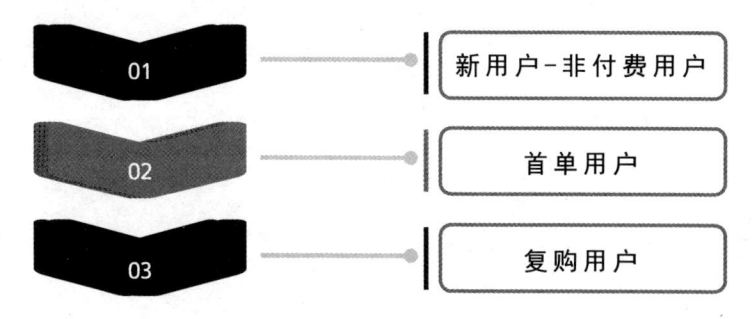

```
01  ———————  新用户-非付费用户
02  ———————  首单用户
03  ———————  复购用户
```

图 3-3 根据用户交易行为分层

以上就是基于交易行为对用户进行分层的第一步，看起来很简单的三层划分决定了企业获取用户流量及销量增长策略的有效性。围绕处于三个不同层次的用户增长目标，制定的策略可分为新用户增长、用户变现增长两种，下面分别介绍。

3.3.3 内容、IP 与"人设"

新用户增长，是为获取足够多的新用户数量而制定的市场推广策略。新用户数量的增长，是企业实现用户变现的前提与基础，没有足够大的用户基数，后面的一切都是空谈。透过现象看本质，人就是用户、就是流量，人的行为就是流量的驱动力。

移动互联网时代，用户传播模型变成了多节点分布式传播，因此通过数据找到关键传播节点，并找到其传播规则就变得很关键。每个用户都可以成为你的一个传播节点，这个传播节点连接用户自带的人际关系网络，微信朋友圈、社群、微博、抖音号……当用户成为你的传播网络中的一个节点时，你就打开了用户裂变传播的开关。

只有裂变传播还不够，当企业的用户渠道分布在抖音、快手、淘宝、微博等不同的 App 平台之中时，只有打通这些"孤岛"才能把用户汇聚起来。此时，品牌、内容、产品这三样就起到了关键作用。拿短视频举例，短视频就是内容 IP，而好内容 IP 会吸引用户点击、观看，甚至发生购物转化。所以在短视频中，做好内容 IP 的本质就是获取用户流量的增长。同样的内容 IP，能够在不同的平台中都产生影响力，比如李佳琦能够在淘宝直播、抖音、快手、微博这些不同平台中产生影响力，所有的用户都是冲着李佳琦这个 IP 去的。

因此，在短视频、直播大行其道的时代，做好内容，获得更多用户的点击、观看，是获取新用户的起点与基础。在短视频、直播领域如何通过内容精准地获得新用户增长？这里介绍四个方法。

第一个方法，精准设定目标用户，详细地罗列具有哪些属性才是你的目标用户。如果你是一个化妆品商家，那么获得再多的男性用户，能够带来的化妆品交易量也是有限的。粉丝多，不代表能够给你带来的交易量大。抖音博主悠悠，在抖音达人销量榜上的排名曾超过李佳琦，依靠的就是非常精准的 8 万个粉丝。

第二个方法，找准企业品牌的定位，打造品牌"人设"。首先需要考虑清楚，品牌定位是什么？想打造一个什么样的品牌"人设"？把这些都列出来，颗粒度越细越好，信息越详细、越鲜明越好。要确定一个明确、清晰的品牌"人设"，并且发布的内容要立场鲜明、观点犀利，让粉丝对作为品牌的载体的达人"人设"有直观和真实的感受。

第三个方法，在各平台账号的运营中，保持统一的风格。账号风格包括视频的内容题材和表现形式。比如，是拍成"段子"、商品评测，还是场景化展示，视频是横屏还是竖屏，是真人露脸口播还是只展示商品……这些最好都保持统一的风格，必要时可以加上统一的封面。在运营的前期需要测试，到底什么样的风格比较受用户欢迎，要去调研目标用户群体的真实需求，找到用户喜欢的风格，之后固定下来，保持这种风格不变。因为只有这样，才能不断加深用户对你的记忆。

第四个方法，做解决用户刚需的视频内容和满足用户刚需的产品。如果企业做的是以卖货为目标的电商号，一开始需要给用户推送性价比高的商品，通过帮用户选品，解决用户的痛点和难点。选品工作做得好，就是这个电商号最有价值的一点。如果有一定的议价能力或者品牌资源，可以为用户从上游拿到优惠券、优惠价格，也是体现价值的地方。比如，自媒体"老爸评测"通过各种严格测试产品的视频，给用户推荐令人放心且性价比高的产品，通过"评测选品+性价比"策略，赢得了大量用户的追捧。如果你要做知识付费业务，就需要在一开始给用户提供有价值的内容。比如，你抖音短视频拍得好，可以教大家怎么拍短视频；你是母婴达人，可以和大家分享育儿经验；你是情感达人，可以分享两性关系的维护与处理……要在你擅长的知识范围内给用户提供有价值的内容。

3.3.4 免费、返利、分销与折扣

对于用户变现增长策略，主要是指针对已注册的用户，促进首单转化与复购转化。这个策略模型就像一个漏斗，获得用户的首单转化能够把那些打开钱包贡献现金流的用户筛选出来，而用户复购转化率越高，意味着企业的盈利能力越强。能够持续发生复购行为的用户，是企业最具长久价值的核心用户群体，需要认真、耐心且细致地维护。在企业进行用户变现增长的运营过程中，对于提高新用户首单转化率与老用户的复购率，可以通过"新带新+老带新"的裂变传播策略实现比较好的效果。具体有以下四种策略。

第一种策略——免费策略。通过免费、包邮等能让用户感觉"占便宜"的促销活动，降低用户使用产品的门槛。对于新用户来说，面对一个陌生的品牌、产品或者平台，产生交易行为的难度不小，需要较长的路径，而免费、包邮不仅能给用户提供一个尝鲜的理由，还能让用户感觉占了一个小"便宜"，进而降低消费的决策门槛。因此，在设计促销活动时，要突出对用户的回馈，放大"占便宜"的感受，给用户一个选择产品、使用产品的理由。这种策略不仅可以提高新用户首单转化率，而且可以提高新产品推出时的老用户复购率。

第二种策略——以利驱动、分享返利策略。当用户分享活动海报、H5 页面到朋友

圈、社群，产生订单后，对这些主动分享的用户给予奖励。通过佣金激励，不仅把用户的传播网纳入企业整体的传播网中，还降低了裂变式拉新的成本。比如很多做少儿教育的企业就采用这种方式，通过转发海报就能减免费用的方式，吸引了大量妈妈用户关注其产品。不仅在少儿教育领域，几乎所有主流的社交电商、生鲜电商平台也在通过拼团优惠等策略提高用户首单与复购的转化率。

第三种策略——分销策略。在分享返利策略的基础上，除了让用户主动分享产品信息到朋友圈，邀请好友获取免单的机会，还可以加大回馈力度，实行分销返佣机制——邀请的好友完成了交易，就向该用户返佣金。比如在知识付费领域，用户转发产品信息到朋友圈，如果带来新用户买单，则该用户会获得新用户交易额30%~50%的现金佣金。这种分销返佣方式，在社交电商领域曾大行其道，不仅能给商家带来更多的新用户首单转化，而且极大地促进了用户主动转发产品信息，帮助商家把产品推给更多的新用户，以此获得更多的佣金，而那些产生首单的用户也会在这个过程中发生持续复购的行为。

第四种策略——优惠促销策略。例如，商家给新用户发放新人红包，红包中有价值不等的折扣券、消费抵用券等。这种红包对提高新用户首单转化率效果明显。针对所有用户发放的折扣券、消费抵用券，不仅能够提高新用户首单转化率，还能提高老用户复购转化率。但是，由于采用优惠促销策略的商家越来越多，消费者对这种策略的反应也趋于麻木，优惠力度一般的促销往往很难打动消费者。因此，在制定优惠促销策略时，要注意优惠力度和用户吸引力之间的平衡。

从长远来看，企业的业务要保持稳定增长，一方面靠增量用户持续输入，另一方面靠存量用户的复购行为。提升复购率的本质是延长用户在平台上的生命周期。企业只要能有效提升留存用户的复购率，同时控制并降低总体用户获取成本，自由现金流就会走向正增长，进而步入持续盈利阶段。

3.4 流失用户是等待挖掘的金矿

随着互联网"人口红利"的消退，当整个市场中的用户流量不够分的时候，大家只能到对方的"碗"里去抢。这让企业之间的用户流量竞争愈发严峻，获取新用户的成本上升，难度变大，用户的流失速度越来越快。能否降低用户流失率，不仅关系到企业能否有效地获得用户变现增长，而且关系到企业能否有效地降低用户变现成本。

天下没有不散的筵席。在竞争激烈的市场环境中，用户会因为各种原因离开，这是用户精细化运营中需要面对的一个基本事实。通常，我们把离开的用户统称为"流失用户"。下面对流失用户做进一步的细分。

很多企业会把超过 91 天没有登录行为、没有删除 App（或者取消关注微信公众号）的用户定义为静默用户。我们打开手机，看看里面有多少 App 已经超过 90 天没有打开过？这时候，我们就是这些 App 的静默用户。

那些无论有没有发生过购物行为的用户，只要删除了 App、取消关注了微信公众号、离开了社群，就是流失用户。想想看，我们手机里有多少 App 是下载后又删除的？当删除行为发生后，我们就是这些 App 的流失用户。

3.4.1 完整的用户分层体系

结合前面小节的内容，我们对用户的分层由三层衍变成五层，如图 3-4 所示，一个基于用户行为的分层体系就形成了。

第一层：新用户（非付费用户）；

第二层：首单用户（基础用户）；

第三层：复购用户（核心用户）；

第四层：静默用户；

第五层：流失用户。

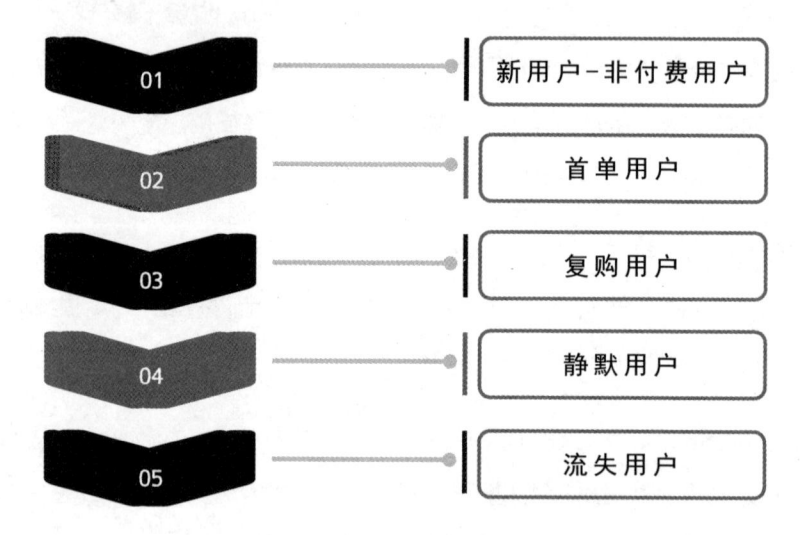

```
01  ——  新用户-非付费用户
02  ——  首单用户
03  ——  复购用户
04  ——  静默用户
05  ——  流失用户
```

图 3-4　完整的用户分层体系

通过唤醒静默用户与召回流失用户降低流失率，是用户营销中非常重要的一个环节，关系到企业在获得用户变现增长的同时能否降低用户变现成本。假设一个企业每日新增用户 1000 人，仅这一块的投入费用就在数千到数十万元。如果用户流失率很高，那带给企业的损失会非常大。

所以，无论何种类型的企业，要生存，要发展，不仅要推动新用户增长、降低用户获取成本，还要想尽办法降低用户流失率。有效地降低用户流失率，就能够提升用户变现增长的效率，让企业扭亏为盈。

3.4.2 三步法唤醒静默用户、召回流失用户

如何降低用户流失率、唤醒静默用户、召回流失用户？可以使用三步法为企业打造流失用户召回体系，从而降低用户流失率。

第一步：用数据说话，精准定义流失用户画像。

通过用户分层系统能够把不同类型的用户存储在不同的用户池中，不同用户池的流量大小会随着用户的来来去去发生上升或下降的变化，把这些用户池通过"水管"（用户路径）连接在一起，就形成了用户流量分层营销体系（简称"流量池"）。企业需要做的是研究用户流动的数据并找到隐藏在数据变化之中的规律，进而制定有效的降低用户流失率的营销策略。

用户分层体系能够帮助企业运营者画出精准的用户画像，这为用户营销提供了数据支撑。为了更精准地画出用户画像，需要收集以下流失用户数据。

- 人口标签：性别、地域、职业、年龄段等数据，这些能够勾勒出流失用户画像的基本框架。
- 用户行为属性：用户注册渠道、访问途径、内容偏好、行为路径、交易情况、最后一次与产品的交互行为数据等。

收集到这些数据后，根据产品的业务类型对用户属性及行为数据进行分类，量化流失用户的关键数据指标，精准定义流失用户群体，并设定用户流失的预警机制。比如：

- 电商类产品，根据用户购买行为定义多久未再次购买算流失用户。
- 内容类产品，根据用户访问行为定义多久未阅读内容算流失用户。
- 短视频类产品，根据用户观看行为定义多久未观看短视频算流失用户。

通常，流失用户在停止使用 App 或删除 App 前就表现出一些异常行为特征，例

如访问频次大幅降低、在线时长大幅下降、交互频率大幅降低甚至消失等。

用户流失是一个过程，包括已经、正在、将要发生的行为，是动态的数据。通过对数据进行量化，不仅能够区分出已经流失的用户，还能够判断哪些用户正在或者将要流失。获取精准的数据是流失用户召回工作的起点与行动指南，流失用户画像越细致、代表性越强，召回成功率越高。只有足够了解这些流失用户，才有可能召回他们，以及阻止尚未流失的用户流失。

第二步：设计用户召回路径，给用户回来的理由。

我们需要从用户的角度出发，给用户设计一个回来的理由。流失用户是曾使用过产品的群体，可能由于产品体验不佳、缺乏需求等原因离开。这个群体不同于新用户，他们对产品并非一无所知，也可能体验过产品的弊端。因此，让用户重新认识产品价值是召回策略的重点。对于召回用户，常见且有效的活动有：折扣券、满赠、礼物、抽奖等。这些"诱饵"能够给用户回来的理由与动力。

选择好了活动，接下来就需要选择触达用户的渠道，通常包含以下几种方式。

- 短信触达。此方式适用于基数大的普通用户，成本低，可批量发送。此方式的弊端是容易被当成垃圾短信，并引发投诉。
- 邮件触达。此方式适用于基数大的普通用户，成本低，可批量发送，但点击率较低。
- App 推送。此方式效果较好，但只适用于没有删除 App 的静默用户，同时取决于用户的手机设置是否允许推送消息。
- 微信触达。通过微信服务号的用户通知模板发送消息。此方式只能触达关注了微信服务号的用户。
- 电话回访。由于此方法人力成本高，无法批量操作，主要适用于 VIP 用户。

在实际运用中，选择的活动方式与渠道可以混合使用。基于数据，针对不同人群采用混合策略是常见的运营方式。另外，无论选择哪种方式，先小范围测试一下，根据测试的反馈再决定下一步如何操作。我们需要分析的数据包含各渠道的信息发放数、信息点击率、用户召回数、用户召回比例，以及用户召回总成本和单个成本。通过对比分析各渠道的数据结果，结合成本，确定最适合的流失用户召回策略，作为后期的行动指导。

第三步：维护唤醒与召回的用户。

一旦沉睡的用户被唤醒，离开的用户被召回，此时并非战斗的结束，而是新的战斗开始。用户营销团队的任务是促成这些用户的首单或者复购的转化。只有用户重新开始付费并使用产品，他们才真正地重新变成有价值的用户。

3.4.3 用户生命周期

降低用户流失率，唤醒静默用户，召回流失用户是用户分层营销体系中重要且长期的工作。在实际的业务运营工作中，用户会因为体验差、产品不够好等各种原因离开，这种现象会发生在用户成长过程中的多个节点上。用户成长的过程就是企业通过用户分层漏斗不断把优质用户筛选出来的过程，也就是用户生命周期，如图3-5所示。这个过程可以分为6个阶段：引流期→转化期→成长期→成熟期→衰退期→流失期。这个推进过程，就是一个用漏斗进行筛选的过程，一层层将愿意与你的品牌做进一步互动的用户筛选出来。

从新用户引入到用户的最终离开，是一个企业和用户的关系从连接到分离的过程。对于一个企业来说，能够持续获得用户变现增长，本质上就是让用户的交易行为从首单走向复购，并让用户在更长的时间内持续复购。此情形如同一个水池，一边是注水口，一边是出水口，增加新用户、首单/复购用户就是加大进水量，唤醒静默用户、召回流失用户就是扎紧出水口，让流出去的水量尽可能减少。

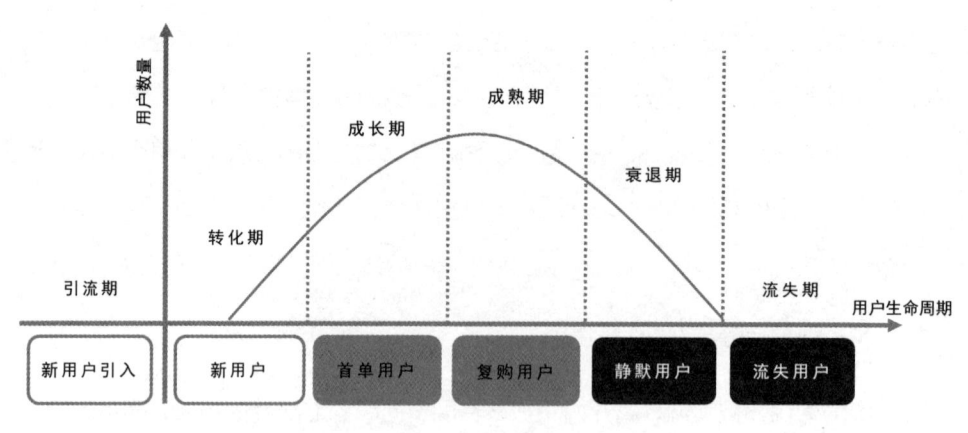

图 3-5　用户生命周期

3.4.4　不同阶段的用户变现策略

如图 3-6 所示，用户变现策略需要随着用户的成长而改变：从外部获取新用户→激活新用户→留存用户、首单转化→用户复购带来变现→唤醒静默用户→召回流失用户。

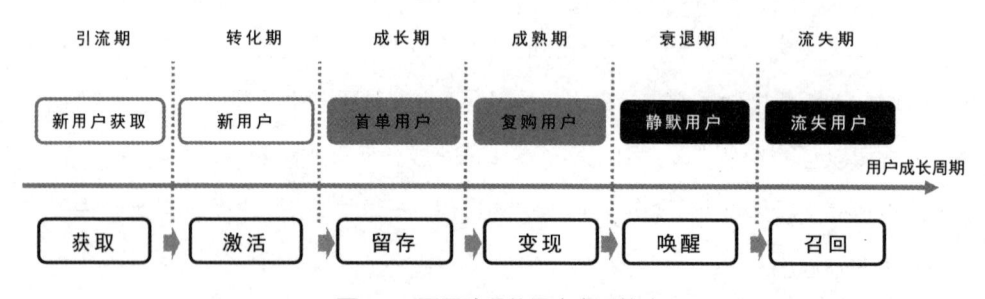

图 3-6　不同阶段的用户变现策略

新用户引流、留存、首单/复购转化，与本节介绍的静默用户激活、流失用户召回，就组成了一个完整的用户变现体系（如图 3-7 所示）。企业需要以数据为基础，充分发挥用户分层营销体系的作用，不仅要引入新用户，提高首单、复购的转化率，还要通过降低用户流失率来降低用户成本。只有开源节流，你的企业才能够获得持续的用户变现增长。

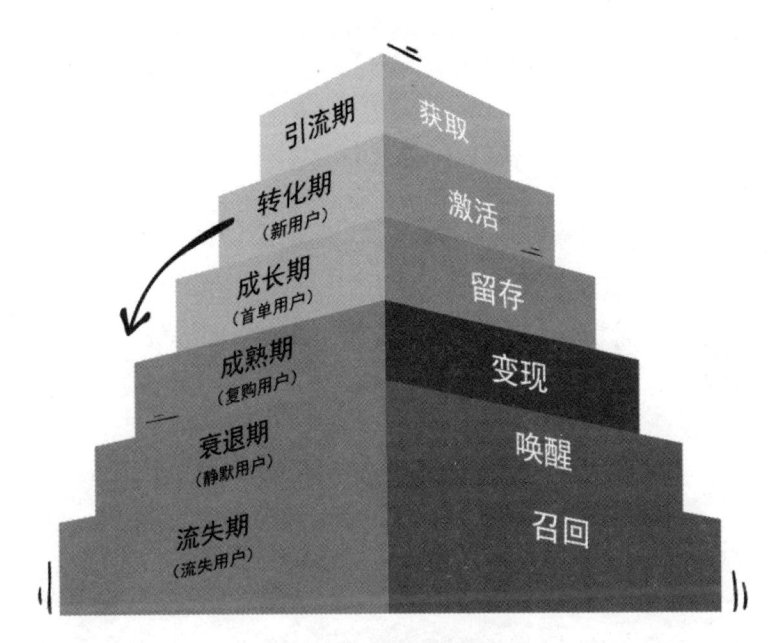

图 3-7 用户变现体系

第 4 章　公域流量变现

2020 年，受新冠肺炎疫情的影响，很多线下活动被取消或推迟：东京奥运会延期，谷歌 I/O 开发者大会取消、Facebook F8 开发者大会取消……一边是不计其数的线下活动被取消，一边是各种线上聚会大行其道。对于企业而言，线下场景的大面积停摆，让线上用户流量变得弥足珍贵。如何低成本地实现线上用户订单的增长？这个问题刺激着众多企业的神经。

4.1　社交裂变让你新客爆棚

无论是线下还是线上，电商模式都受三个数据影响：用户流量、购买转化率和客单价。用户流量、激活率（入店用户量）、购买转化率（成交用户量），形成了一个倒三角形的用户漏斗（参见图 4-1）。在这个漏斗中，每个环节都会出现用户流失，比如每天有 1000 人从你的店铺门前经过，选择入店的可能有 100 人，最终成交的可能有 10 人，而会再来购物的用户可能只有 1 人。这种"大海捞鱼"的方式，会给企业带来用户获取成本的上升。

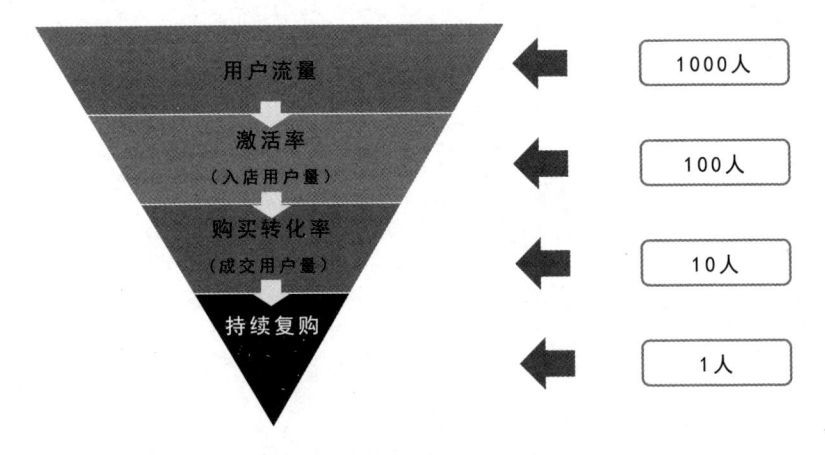

图 4-1　用户变现转化率漏斗

从图 4-1 中可以发现，这个漏斗能够把最终付费的用户筛选出来，无论引入多少用户流量，对于企业最有价值的是能够进入购买转化环节的用户。一个渠道带来的用户流量的购买转化率越高，该渠道的用户质量就越高，所以购买转化率成为企业评判用户流量渠道价值的数据依据。

4.1.1　用户营销与用户运营

传染病"人传人"的裂变传播模式是：以一个人为起点，经过不断接触、分散、裂变，形成"一对多"的裂变传播。病毒的扩散像核裂变一样，一旦开始接触、碰撞，便产生巨大威力。在商业逻辑中，"病毒式裂变传播"就是利用人与人之间的社交关系，以一个种子用户为起点，在线上社交场所这样的聚集地进行一系列的分享、传播、裂变。这种互联网社交裂变传播模式具有用时短、成本低、效率高等特点，而且能够同时提高用户浏览量、入店率以及转化率。

互联网社交裂变传播模式的广泛使用，让企业的用户营销模式发生了巨大的改变，企业不再一味地向用户进行单向的理念灌输，从传统的 AIDMA[①] 营销模型逐渐向

---

① Attention（注意）→Interest（兴趣）→Desire（欲望）→Memory（记忆）→Action（行动）。

含有网络特质的 AISAS[①]营销模型发展。

在新的营销模式中，消费者在注意商品并产生兴趣之后的信息搜集（Search），以及产生购买行为之后的信息分享（Share），成为两个重要的营销环节。企业通过激活用户的主动分享，带来品牌的裂变传播，进而获得更高效的用户成交转化。因此，在 AISAS 营销模型的基础上，进化出更高效的用户营销策略（参见图 4-2），简称 AARRR[②]模型。

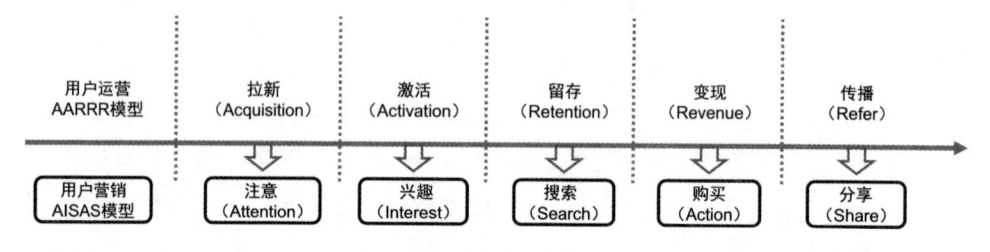

```
用户运营          拉新           激活           留存           变现           传播
AARRR模型    (Acquisition)  (Activation)   (Retention)    (Revenue)      (Refer)
   ↓             ↓              ↓              ↓              ↓             ↓
用户营销          注意           兴趣           搜索           购买           分享
AISAS模型     (Attention)    (Interest)     (Search)       (Action)       (Share)
```

图 4-2 AISAS 模型与 AARRR 模型

4.1.2 种子用户

在基于互联网社交裂变传播的"AISAS+AARRR"营销模式中，种子用户成为成功获得用户变现增长的关键。什么是种子用户？当企业进入一个新市场，走出从 0 到 1 的第一步，就需要找对用户！在进入市场的初期，那些对你的产品有需求、有热度的用户，就是种子用户。企业获得的第一批种子用户将伴随着业务的成长而成长，并帮助企业验证商业模式是否正确。找到种子用户是企业获得用户增长的第一步，也是企业成功跨越从 0 到 1 阶段的第一步。

小米的用户体系是从最初的 100 个发烧友开始积累的。小米公司亲切地把这 100 个发烧友叫作"100 个梦想的赞助商"。小米的用户成长路线，就是以这 100 个发烧友

[①] Attention（注意）→Interest（兴趣）→Search（搜索）→Action（购买）→Share（分享）。
[②] Acquistiton（拉新）→Activation（激活）→Retention（留存）→Revenue（变现）→Refer（传播）。

为起点，然后不断扩散：先渗透专业发烧友用户，再不断扩散、迭代，然后持续扩散，形成裂变增长，进而推动小米的市场规模不断增长。

种子用户有什么特征？除对你的产品有需求、有热度外，种子用户的另一大特征是：能够激发自身传播能量，主动发起分享行为。小米的发烧友之所以能成为小米的种子用户，就是因为这些发烧友不仅自己热爱并使用小米产品，还通过自己的社交媒体（比如微博、微信朋友圈、社群）持续不断地向身边人分享小米产品的价值。所以小米最初的发烧友，就具备种子用户的两个特征：

第一个特征：对产品有需求、有热度。

第二个特征：激发自身传播能量，主动发起分享行为。

想要用户主动分享，就要切中用户的内心需求，分享后用户能够得到什么是关键。这里无外乎两点：用户的自我表达和利益驱动。简单地说就是人们最在意的两件事：名和利。

获得元璟资本与金沙江创投 A 轮注资，专注于 5~12 岁少儿的写字启蒙教育辅导服务的"河小象"，能够在 2019 年迅速崛起，成为少儿教育领域的一匹黑马的原因众多，其中一个就是通过利来驱动种子用户主动发生分享行为，进而获得跨越式的用户付费增长。通过解析"河小象"，我们可以得出三种通过"利诱"引导用户主动分享的策略，下面分别讲解。

4.1.3 分销返利

第一种方式：以利诱导，获取增量用户。

"河小象"在刚上线的起步阶段，通过微信生态和微信推广人政策（二级分销），获取新用户流量并沉淀出第一批种子用户。这种直接返利的分销政策（参见图 4-3），让一大批用户成为"河小象"忠实的种子用户，他们通过微信朋友圈、社群把自己小孩的同班同学的妈妈、认识的朋友转化成了"河小象"的用户，这些用户又进一步变成"河小象"的裂变传播网中的一个组成部分。

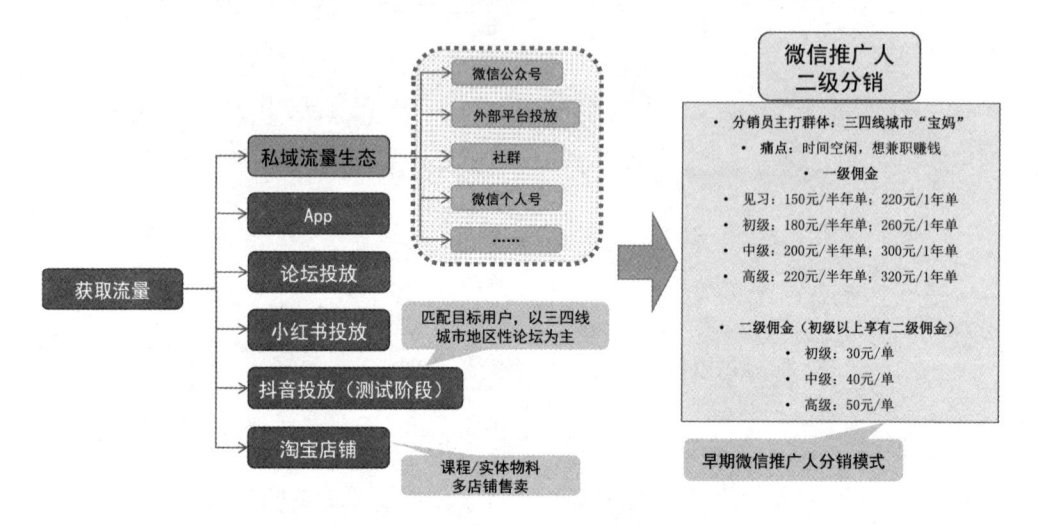

图 4-3 "河小象"的早期分销政策

由此可见，分销返利策略能够帮助处于从 0 到 1 阶段的企业迅速积累起第一批种子用户，建立用户裂变传播网络的雏形。这些种子用户通过微信朋友圈、微博、抖音等主动分享、传播，能够突破原本的熟人"圈层"，只要是微信中的好友，都有可能通过分享、传播，为企业的用户增长打开局面。

4.1.4 会员分享赚佣金

第二种策略：建立会员制，保障用户的收益，用机制盘活存量种子用户。

当度过了从 0 到 1 的起步阶段，有了一定规模的用户沉淀后，"河小象"把微信推广人的二级分销策略更名为会员权益，所有用户只要加入会员，就可以通过分享赚佣金（参见图 4-4）。由返佣制向会员制转变，是一家企业的用户营销体系开始成熟的标志之一。这代表"河小象"对用户的分层更精准，而那些能够成为会员的用户，不仅自身是"河小象"产品的使用者,同时也在不断发生着主动分享行为。这些数量不断增加的种子用户,通过微信朋友圈、社群、抖音等把"河小象"的产品服务传播给更多的新用户,而他们自己的传播网也成为"河小象"用户传播网的一部分,让"河小象"的传播网络不断延展、壮大,持续发生裂变传播。

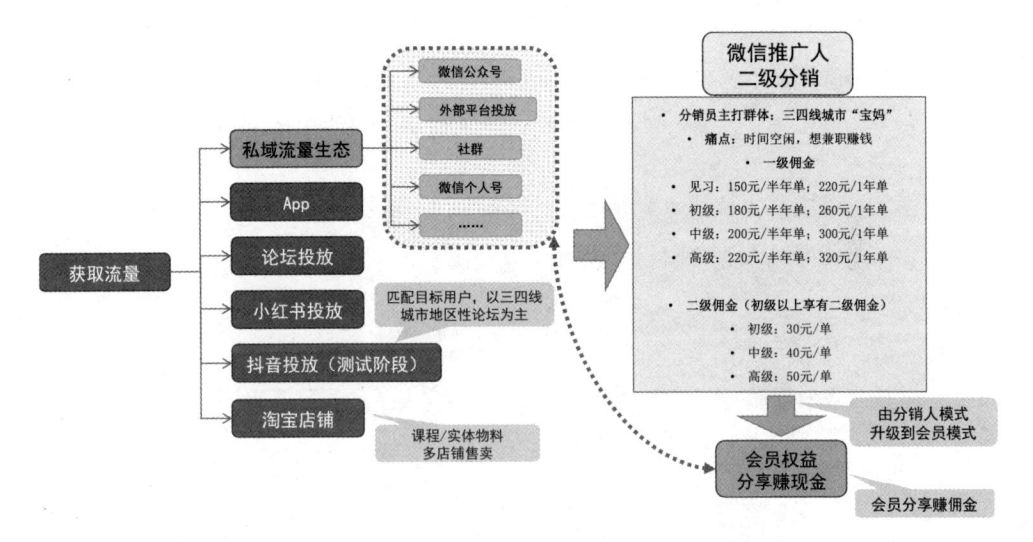

图 4-4 "河小象"的会员权益:分享赚佣金

因此,当企业积累了一定用户量,不仅要关注外部用户的引入,也需要对内部用户进行精细化营销。采用会员制,可以把那些有强烈参与意愿的用户区分出来。那些愿意成为会员,并能够被佣金等利益驱动的用户,就是用户体系中的种子用户。用设计合理的利益分享机制,激发存量种子用户的主动分享行为,打开他们自带的传播网,是企业获得裂变传播的重要用户变现增长营销策略。

4.1.5 免费产品做抓手

第三种策略:以产品为载体,以社群为场景,以免费为利导。

"河小象"大量采用以免费体验产品作为转化载体、三步走的策略,引导用户产生订单支付。

第一步，用户进群获得课程海报，然后通过微信朋友圈分享课程海报，这样的方式促使对课程感兴趣的用户发生了裂变传播。

第二步，用户分享海报后，需要加客服人员的微信号，给客服人员发送海报分享截图，通过后被客服人员拉入免费课体验群，在群里通过免费课的录播或者直播链接观看课程。这样，用户就沉淀到社群及微信个人号上，形成了种子用户群体。

第三步，在用户体验了免费课之后，客服人员在群里发送正课购买链接，引导用户购买正课，这样就完成了用户的首单转化。

在图4-5中，可以看到"河小象"免费体验课的用户参与路径。

图4-5 "河小象"免费体验课的用户路径

"河小象"设计的"分享赚佣金"会员返利政策，抓住用户趋利性的特征，打通App、微信公众号、社群、微信个人号，形成用户购买产品、主动分享产品、复购再转化的多元化用户场景。通过以上三种策略，"河小象"搭建起用户营销体系（参见图4-6），形成了一个完整闭环，获取种子用户→（社群）营销转化→产品服务→用户裂变传播→持续获取种子用户。通过以种子用户为起点的裂变传播，也让"河小象"以低成本获取线上用户订单量的高速增长，获得资本的亲睐。

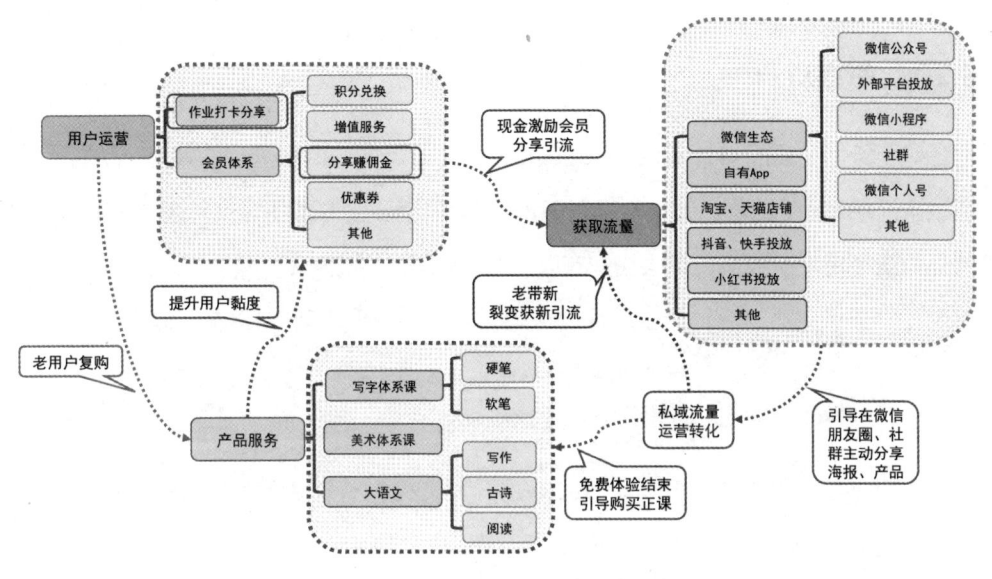

图 4-6　"河小象"的用户营销体系

所以，要低成本获取线上用户订单量的高速增长，线上的用户裂变传播是高效的方式

4.2　让用户变身"买单狂+分享狂"

企业的品牌影响力、产品体验、服务质量等因素会影响用户的消费行为，其中任何一个因素没处理好都有可能推开用户。产品的免费体验很有可能会吸引种子用户过来，虽然产品很好，用户有需求，但往往到需要掏钱买单的时候，用户的转化进程会戛然而止。只有那些与品牌产生了清晰的价值感和需求的种子用户，才会最终发生持续的消费行为。而复购用户群体，是绝大部分企业的主要收益贡献群体，很多企业80%以上的营收来自于只占总体用户量20%以内的复购用户群体。

4.2.1 超级用户

对于一个企业而言，那些既有高频复购行为，还能够把自己对品牌与产品的感受通过微信朋友圈、社群、微博等主动分享出去，拉着自己的亲朋好友一起消费的用户，被称为超级用户。因此，超级用户有以下两个特征。

第一个特征：有持续复购行为。

第二个特征：有主动分享行为。

如何让复购用户群体成长为既有复购行为又有主动分享行为的超级用户呢？图4-7展示了从种子用户到超级用户的成长过程。

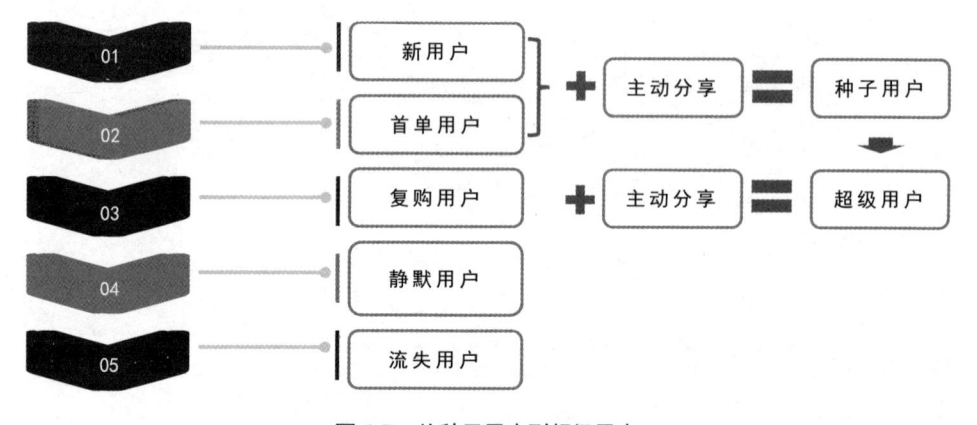

```
01  新用户   ┐
            ├ + 主动分享 = 种子用户
02  首单用户 ┘                ↓
03  复购用户   + 主动分享 = 超级用户
04  静默用户
05  流失用户
```

图 4-7　从种子用户到超级用户

4.2.2 分享的心理学

除了分佣、返现等"以利诱导"的方式，情感与价值传递也是激发用户产生主动分享行为的重要方式。企业经营者需要认识到：用户不是冰冷的数据，而是有喜怒哀乐、处于各种生活杂事中的鲜活的人。因此，当用户和他身边的亲朋好友进行分享时，是在分享他和品牌与产品之间的情绪感受。

《纽约时报》（The New York Times）和 Latitude Research（一家研究机构）曾联合发布了一份关于分享心理学的研究报告 The Psychology of Sharing，对人们为什么在互联网上进行分享进行了研究，其中提到 78% 的参与者是因为分享能让他们时刻与他人连接，73% 的参与者表示分享是为了把自己喜欢的内容与有共同兴趣的人一起欣赏。加州大学洛杉矶分校心理学教授 Mattew Lieberman 所写的《社交天性：人类社交的三大驱动力》（Social: Why Our Brains Are Wired to Connect）一书中提到，人们在判断哪些内容有用或有趣时，不仅会考虑自己的需求，还会考虑他人的需求，可能会下意识地在自己的社交圈中搜索特定的人，完成分享。人们经常渴望把消息分享给别人，特别是在觉得对方和自己会有一样的感受时。

4.2.3　用户自主裂变传播网

对于不同的业态①，用户增长策略是截然不同的。比如，同是电商，直播电商和传统电商适用的用户增长策略完全不同。而且，不同行业之间的业务运营差异更是巨大。在流量红利存在的时候，大多数互联网公司的商业模式都是先亏损后赚钱。前期是花钱买用户的阶段，属于亏损期；当用户成长起来形成持续性的价值贡献、达到盈亏平衡临界点之后，平台才开始赚钱，进入盈利期。随着流量红利消失，靠大量获取新用户来获得收益的策略已经很难走通，用户的运营进入精细化运营的阶段。激发用户主动分享，开启品牌与产品的裂变传播，是企业在降低用户获取成本的同时，更精准地获取用户数量与产品销量同步增长的主要手段。

下面以小米为例进行分析。

---

① 业态，指业务经营的形式和状态。

- 100个种子用户是小米的超级用户群体的起点。
- MIUI发布一年后的数十万发烧友，是小米手机硬件的超级用户群体的起点。
- 小米手机论坛上的百万活跃用户，是小米几千万超级用户的起点。

小米的开放参与机制，赋予用户真实的参与感和责任感，这让用户感觉到自我价值与小米品牌价值之间产生了连接与共鸣。这种价值认同感和连接，是贯穿小米整个用户体系的情感与价值纽带。小米发烧友、小米硬件发烧友、小米论坛活跃用户组成的多层超级用户体系被这个纽带所贯穿，每个超级用户群体都能释放自身的传播能量，同时又互为起点。正是因为有这样的超级用户群体，才成就了小米，形成数千万的用户规模。

企业通过用户分层体系，把复购用户挑选出来，并在品牌与用户发生持续互动的过程中，把品牌价值不断传递给用户，建立用户对品牌的价值认同感，并激发情绪共鸣，从而激活了用户的主动分享行为。在用户构成的社会化传播网络之中，每一个节点都是由一个个用户构成的。如图4-8所示，我们激活一个用户，就等于激活了一次传播，激活了用户主动分享的行为，就意味着激活了一个小组织传播群体。当企业能够激活复购用户的主动分享行为，不仅打开了用户传播网，也获得了更多用户对产品的关注与购买。

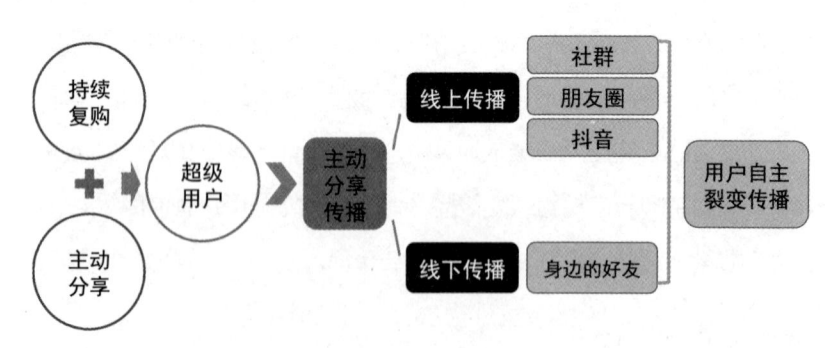

图4-8 用户自主裂变传播网

4.2.4 拼团裂变

在业务实战中，以利诱导加上以情感驱动，两个策略叠加使用往往能起到很好的用户裂变增长与销量增长的双重效果。

2018年，拥有3300多家门店、覆盖40多个城市的百果园，陷入了一个增长瓶颈期。因为在市场营销上用户触达点太少，主要靠店员告知或者微信公众号推送消息，效率很低，即便用户愿意到店消费，也仅限于线下场景。客流成本走高、社区零售店可替代性高、用户黏性低、门店辐射距离有限，这是百果园遇到的主要问题。为此，百果园决定尝试微信小程序"拼团+自提"的模式，把拼团分为陌生人拼团和熟人拼团，前者用于带流量，后者用于促交易。

陌生人拼团：用爆款带动销量增长。百果园选出一些价格稍低的爆款，比如0.1元的奇异果，以消除陌生人的生疏和不信任感，提升成团的效率和速度。通过这种方式形成的拼团也被称为"流量团"，用低价来拉新，进军增量市场。据了解，参与百果园的拼团的人群中，15%都是新用户。

熟人拼团：用拳头产品带动销售额。对于熟人来说，价格相较产品质量来说不是太敏感。百果园挑选出15~20元之间的拳头产品，对于这个价格区间的产品，用户的思考时间不会太久，利于尽快成团。在成团的同时，还为企业带来一定的销售额。

百果园拼团微信小程序上线6个月，每月新增用户数的峰值超过了300万，并提升了20%的分享率和转化率。对于很多线下企业来说，通过微信小程序、社群、微信公众号商城等渠道拼团的模式，能够打通线上与线下的用户消费场景与销售渠道。这种打通不仅可以为线下门店拉新，还能增加用户通过线上渠道进行消费的复购率。

特价产品拼团，比如0.1元的奇异果，用于通过"利诱"打破陌生人圈层，对于新用户和种子用户来说，能够通过主动分享行为迅速享受拼团带来的优惠，对于商家而言，能够获得新用户与首单销量的迅速增长。

拳头产品拼团，目的是强化那些有复购行为的老用户对品牌价值的信任感和认同感，促进开启主动分享模式，让用户在自己享受拼团超值服务的同时，把好产品推荐给亲朋好友。这个策略既满足了老用户"好东西要分享"的情感需求，也成功地让用户成长为商家的超级用户。

在经营用户的过程中，企业不仅需要获得新用户增长、首单增长、复购增长，还需要在守住传统电商和门店用户的同时，拓展短视频电商、直播电商、社交电商等新渠道。用户分层营销体系能够让多样性的用户群体呈现更为丰富和立体的面貌，并且能够指明用户处于怎样的位置，进而实现针对不同位置的用户应用不同的增长策略。种子用户与超级用户是企业最重要的用户群体，可以说没有用户分层营销体系，就没有从种子用户到超级用户的成长，就无法为企业带来持续的用户变现增长。

4.3 五步营销法玩转流量变现

4.3.1 线性思维

根据思维习惯，人在大部分情况下只考虑一件事或者一个环节，这种用因果关系进行思考的方式就是"线性思维"。人们处理问题的方式也经常被线性思维影响：既然有这一个结果，就一定有相应的原因，只要找到了原因就能解决问题。不同的思维方式会影响我们的日常生活和工作，在处理复杂问题的时候，采用线性思维往往不能抓住其本质和规律。

我们在营销活动中常常会面对以下问题：

- 请知名"网红"做直播带货，货卖出去了，用户却没留住。

- 在抖音、快手上"圈"了一批用户，却没法变现。
- 做了直播、短视频，用户买完东西就走了，没有产生复购。
- 社群活动做了很多，活跃的用户却越来越少，还经常有人退群。
- 自己做直播带货，能留住用户，但销量上不去；找 MCN 合作，销量上去了，用户却留不住。怎么办？

通常，人们会采用"有因必有果"的线性思维来考虑问题。人们之所以采用线性思维，是因为在大部分情况下，它可以行之有效地解决很多问题，例如：

- 针对如何留住用户的问题，推出一系列添加客服微信个人号、关注微信公众号就送优惠券、返利的活动，实际效果也不错。
- 针对通过短视频"圈"到用户却没法变现的问题，就更换产品品类，也能带来一定的用户成交量。
- 针对自己做直播和与 MCN 合作哪个好的问题，采用两种策略同时用，预算各花一半，最终两种策略都能带来一定的用户变现增长。

4.3.2 系统思维

我们回过头来仔细思考一下，以上问题是单独存在的吗？人们采用的解决方案，是在"治标"还是在"治本"？

用线性思维来思考，问题好比钉子，每解决一个问题就是拔掉一根钉子。在实际工作中我们会发现，把最重要的问题或矛盾解决掉后，往往很多其他问题也跟着迎刃而解，这背后是"系统思维"在发挥作用。采用系统思维能够厘清商业系统中各个节点、网络之间的关系，找到整个系统中主要的问题节点，进而围绕这个节点来解决问题。

如图 4-9 所示，采用线性思维时考虑的是单一节点问题，而采用系统思维时考虑的是节点与节点之间、网络与网络之间的复杂关系。在现实生活中，我们遇到的很多问题，本质上都是系统问题。就像你申请一笔财务预算，背后需要合作伙伴、主管领导、财务、法务等多个职能部门和角色共同发挥作用，才能让流程顺利走下去。从表面上看起来是你在负责项目，其实需要公司各个部门的协同运转，而你只是所有环节中相对重要的那一个环节。因此，我们在面对众多"钉子"——问题时，处理的方式不是拔掉所有的钉子，而是利用系统思维找到那一两颗最重要的钉子，抓住主要矛盾，把钉子拔除。

图 4-9 线性思维与系统思维

4.3.3 五步营销法

在短视频、直播、私域流量大行其道的时代，如何用系统思维处理好错综复杂的用户变现问题？有以下五个步骤（参见图 4-10）。

第 4 章 公域流量变现

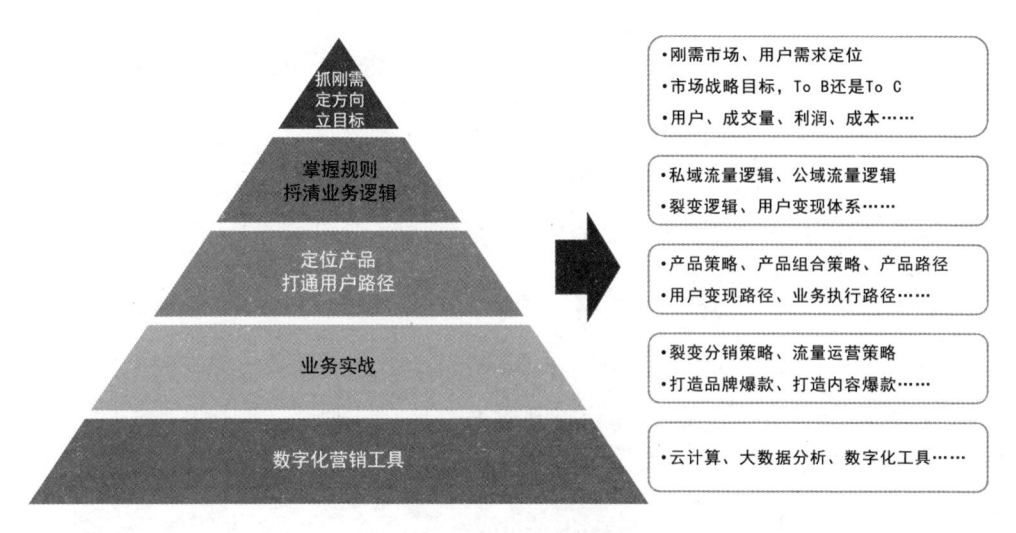

```
              抓刚需
              定方向        • 刚需市场、用户需求定位
              立目标        • 市场战略目标，To B 还是 To C
                           • 用户、成交量、利润、成本……

           掌握规则
           捋清业务逻辑      • 私域流量逻辑、公域流量逻辑
                           • 裂变逻辑、用户变现体系……

        定位产品
        打通用户路径         • 产品策略、产品组合策略、产品路径
                           • 用户变现路径、业务执行路径……

     业务实战                • 裂变分销策略、流量运营策略
                           • 打造品牌爆款、打造内容爆款……

  数字化营销工具              • 云计算、大数据分析、数字化工具
```

图 4-10　五步营销法

第一步：抓刚需、定方向、立目标。

找对用户刚需市场，是所有业务开始的第一步。对于企业而言，只要围绕"解决用户刚需"这一目标不变，就能够抓准用户需求，找到在市场中生存、发展的机会。因此，找对用户刚需，抓准用户需求，不仅能够帮助企业定位发展的方向，还决定着企业的市场战略目标。如何确定市场战略目标？你在动手开展业务之前，不妨给自己罗列一些问题，明确业务目标。比如：

- 目标用户是谁？
- 具体的数据指标是用户量、首单转化率、复购转化率？还是其他的目标？
- 你理解的目标用户和老板理解的目标用户是否一致？

无论是新零售领域，还是新兴的短视频、直播电商、私域电商领域，在业务上要获得销售额与净利润的双增长，都需要先设定清晰、明确的业务目标，只有这样才能为业务的顺利执行指明方向。

第二步：掌握规则、捋清业务逻辑。

一方面，明确的业务规则便于认清业务与团队的责权利边界；另一方面，清晰的业务逻辑、分工明确的业务路径，能够让企业有能力对业务进行大规模复制。比如对于搭建用户流量渠道的工作，设定用户获取成本的红线就是规则之一。有了这条红线，不仅可以防止出现不合理的投入，而且可以有效降低用户获取成本。

设计好用户流量渠道的业务路径，能够让企业在有限的预算下，获取最大化的用户流量。不同类型的用户渠道就好比高速公路、国道、铁路。流量渠道的业务路径设计，其本质目标有两个：第一，把用户运过来；第二，把服务（产品）运过去。有些流量渠道是高速公路，有些是国道，有些是乡村小路。高速公路支持多车并行，但通行成本高；乡村小路只能一人单行，但通行成本低，甚至免费。基于合理的业务路径，能够在有限预算情况下为企业建立获客效率最高的市场网络。

第三步：定位产品、打通用户路径。

有了清晰的目标和明确的业务路径（模式），接下来就需要结合用户刚需，做出用户需要的产品。"用户刚需"不等于"用户需求"，两者之间的最大区别是：刚需无法被替代，需求可以被替代。在同一个刚需市场中，用户存在多种多样的需求。随着时间的推移，人能够找到的满足刚需的替代品和需求解决方案会越来越多。对于企业而言，只要围绕解决用户刚需这一目标不变，抓住用户需求变化的趋势来打造合适的产品，就能够牢牢抓住用户需求。

在产品路径设计上，需要设计出最短的用户路径满足用户的快速需求，产品内容要基于用户的需求提供，精准满足用户的需求，打通用户路径。通过以下四个步骤，能够帮助你结合用户需求打造合适的产品。

- 收集：调研用户的需求和体验，关注行业和类目的相关数据，以小见大。
- 分析：对用户的需求进一步提炼，剥离出本质原因。
- 方案：包括产品方案和运营方案。

- 产出：持续满足用户需求为基本准则，推进至产品最终落地及运用。

第四步：业务实战。

要做好用户营销，需要掌握以下三个思维规律。

- 规律一：带着短视的线性思维投入营销工作，往往很难做好用户营销。要采用系统思维来做营销工作，让用户营销的层次变得更加丰富。
- 规律二：对于一款产品，在它自身的核心用户价值点还未明确、产品体验还不够完善的时候，贸然去追求显著的用户增长，这对业务往往是一剂毒药。这一类业务的"死亡"方式叫做"生于拉新，死于留存"。
- 规律三：对于早期用户（种子用户）的营销，一定要围绕着口碑来进行。在用户营销的早期，核心的目标一定不应该是用户规模，而是口碑。要把你的早期种子用户当做最好的朋友来看待，这是一个常识。

要做好用户变现转化的运营，就需要让用户面对产品时，能够"看得到、买得到、乐得买"。简单来说就是下面三个用户营销原则。

- 第一个原则：让用户想要的产品第一时间出现在他面前。
- 第二个原则：让用户能够用最短的路径、最便捷的方式买到产品。
- 第三个原则：给用户好的购买体验，吸引用户复购。

总而言之——要想尽一切办法让用户能够在最短的时间里，通过最快的路径，用最便捷的方式看到、买到产品。我们不仅要让用户在使用产品的过程中感受到舒畅，更要让用户从看到产品，到购买产品、拿到产品，体验到整个过程的舒畅。这个过程越舒畅，用户就会越快地对产品（品牌）产生依赖，形成产品使用习惯。

通常我们说的活动、产品支持、技术支持、数据分析等，都是我们在工作中使用的方法论。在实际工作中，对于营销方法论，组合运用是王道。当我们把这些在实操过程中形成的方法论总结成行之有效的团队工作方式与业务流程之后，业务团队就有能力应对业务规模的急速增长，对业务进行大规模复制。需要提醒的是，方法论形成的第一天，也就是方法论被推翻、重构、优化的开始。

第五步：运用有效的数字化营销工具。

优惠券、有赞系统、分销系统、微信个人号、社群等，本质上都是在用户营销工作中能够使用的工具。这些工具之间存在各种组合方案和使用顺序，组合不同，使用顺序不同，使用的场景不同，所获得的结果也会不同。什么样的组合能够解决什么问题？什么样的顺序能够获得什么样的结果？这些都是我们在使用这些工具的过程中需要发现和总结的规律。

你或许会说，工具的组合使用，不就是方法论吗？是的。工具是死的，人是活的，使用方式是活的。这些工具没有被使用的时候，就只是工具，只有当工具在使用过程中发挥了作用，它才成为方法论的组成部分。有很多人会把工具和方法、渠道混淆在一起，本质上是对场景的理解不同。

比如，优惠券单看就是工具，把它作为活动的促销工具时，就是活动的一部分。如果这个活动的促销工具只有优惠券，那么优惠券本身就具备了工具和活动的双重属性。

再比如，私域流量运营中的微信个人号运营，如果只是添加用户，微信个人号是承载用户的工具，当通过微信个人号来触达用户做产品销售时，它就成了商品的售卖渠道。

图 4-10 中所呈现的五步营销法，不仅能够让我们在复杂且快速变化的商业环境中，系统地厘清商业系统中各个节点、网络之间的关系，还能帮我们找到企业用户变现增长之路上的主要矛盾，让企业的用户变现路径更有效率，让增长来得更快。

第 5 章 私域流量变现

在流量红利存在的时代，获得用户付费增长的逻辑是：获取新用户→成交转化→获取更多新用户→成交转化。通过大流量的获取与用户的转化循环往复，就能够快速筛选出目标用户。在这个时期，很多互联网企业的核心增长目标就是用户量增长，很多优秀的互联网企业正是起步于此。

当流量红利逐渐消失，我们发现企业的盈利点需要在存量市场上挖掘，以存量带增长的策略更加有效。企业必须得留住老用户，不仅要让产品能够持续触达用户，还要确保用户不被过度打扰而流失。这时候，私域流量出现在人们的视野中。

5.1 从"人找货"到"货找人"的销售变革

5.1.1 什么是私域流量

什么是私域流量？

很多人对"私域流量"的概念停留在社群、微信朋友圈、微信个人号的范围内。从字面意思理解，相对于"公域流量"而言，"私域流量"的意思即"自己可以掌控的私人流量"。本质上，私域可以诞生在微信生态下的群、公众号里，也可以成长在抖音、快手、微博、小红书这类平台中。比如，你的抖音或小红书的账号有 1000 个粉丝，那么这 1000 个粉丝就是你的私域。在这个私域中，你与用户的互动形式，不仅有精心打磨的短视频与文章，还有更为真实的直播；你能传递给用户的，不仅有高品质的产品与品牌价值，还有真实、有温度、有情感的"人设"。

从用户流量本质上来看，私域流量与公域流量是相辅相成的，而非相互对立的关系。无论你的抖音个人账号"圈"了多少粉丝，这些粉丝不仅是你的私域流量池中的用户，同时也是抖音的整个公域流量池中的用户。微信、抖音这样的公域平台，正是由无数个拥有大小不等私域流量池的账号组成的。可以说，没有公域流量，就没有私域流量成长的空间，没有无数个拥有私域流量的个人，就没有公域流量这个大池子。

从商业的角度来说，私域流量更接近零售的本质，接近面向熟人的直销。私域流量在市场渠道把"人"和"货"连接起来之后，增加了销售环节，形成一个新的循环关系（参见图5-1）。通过业务运营把用户从公域流量中沉淀到社群、微信、短视频等社交账号中，再通过售前营销、售后再营销等方式反复触达用户，达到用户变现转化的销售目标。

在过去非常长的时期里，市场流量获取与销售转化处于各自为政的状态。在企业的岗位设计中，这两块分属于市场部与销售部，并针对市场流量业务和销售业务采用两种不同的绩效考核标准，从业务流、现金流到数据流，市场人员与销售人员二分天下，各管各的，这种局面造成了流量转化效率与销售效率"双低"的情况。下面以大家熟悉的新东方教育科技集团有限公司（下文简称"新东方"）的操作为例探讨一下。新东方早期的用户营销策略是线上做广告，拉流量，线下做销售转化，线上市场流量推广和销售转化没有打通，改变是从 2019 年开始的。

第 5 章 私域流量变现

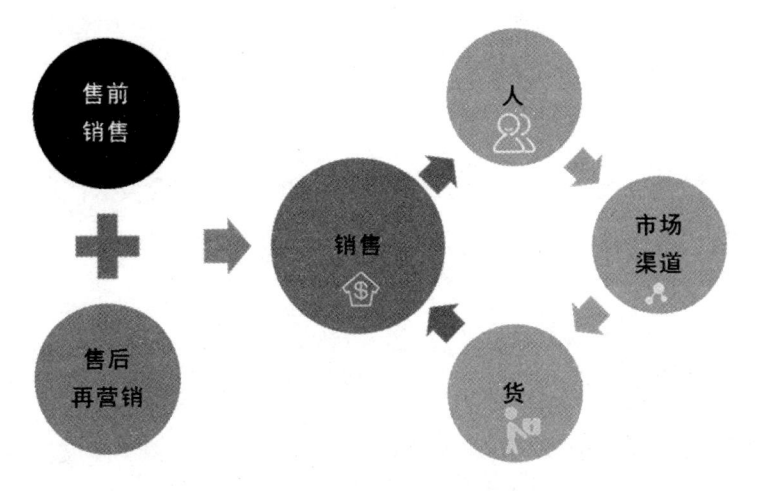

图 5-1 私域流量的销售赋能

5.1.2 私域的用户路径

2019 年，新东方把原来零散运营的销售微信个人号和微信社群进行整合，组成了"App+公众号+个人号+社群"私域流量矩阵（这里的"公众号"指微信公众号，也常称"公号"，"个人号"指以企业为主体运营的微信号），引导用户沉淀到私域流量池中的用户路径如图 5-2 所示。

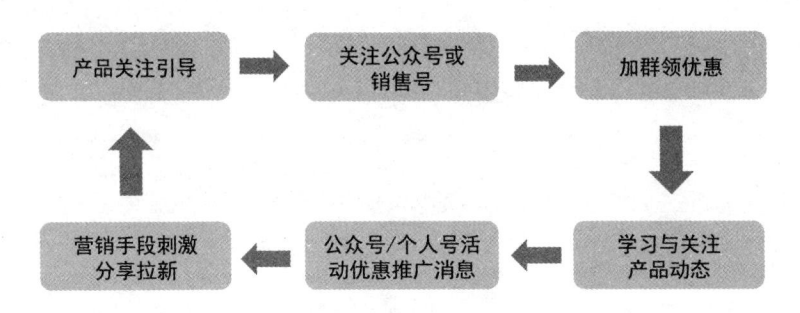

图 5-2 新东方的私域流量用户路径

第一步，在产品页面上引导用户关注微信公众号，并告知添加销售人员微信号后可以进群领取优惠券，完成了把用户沉淀到销售客服微信个人号的转化。

85

第二步，销售微信号把有意向的用户拉入微信群，并发放优惠券，这就完成了筛选高意愿用户与引导进群的转化。

第三步，通过微信公众号活动、通知短信与销售微信号的朋友圈信息、社群活动等方式，对进入私域流量池的用户进行一系列销售触达，引导用户发生主动分享行为与成交转化。

第四步，对老用户通过分享带来的新用户进行新一轮的营销裂变转化。

在常规营销路径中，当用户第一时间看到产品时，就需要引导用户进行成交转化，做到使用户的成交转化路径最短。能够让用户做出添加销售人员微信号与加群的行为，是新东方的"以利诱导"的营销策略在发挥作用。在图 5-2 所示的路径中，可以清晰地看到，领优惠券是用户加群的主驱动力。当用户能够沉淀到销售人员微信号和群中后，新东方又可以通过朋友圈与社群活动、通知消息的方式，给到用户更多的优惠信息。

5.1.3 会员积分激励体系

"以利诱导"的营销策略贯穿新东方整个私域流量的业务运营，除常规的优惠券、折扣券的发放外，新东方建立了完善的会员积分激励体系（参见图 5-3），向用户奖励"魔法石"积分。用户通过"分享拉新"赚到"魔法石"积分，积分可用于抵现金兑换课程。新东方的这个积分体系，能够激励用户为获得可以抵现金的"魔法石"积分，不断主动地进行"分享拉新"。

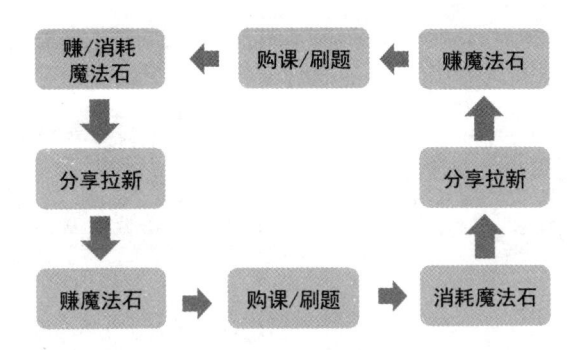

图 5-3　新东方的会员积分激励体系

通过这种营销手段，既能促进老用户的活跃度与复购率两项指标提高，又能给新东方带来源源不断的新用户。另一方面，新东方推出"三人成团"的拼团活动（参见图 5-4），激励用户通过微信朋友圈与社群"分享拉新"，以达到拼团享受价格优惠的目的。这种营销活动门槛低，利益反馈明确，是很多平台进行私域营销裂变的常用手段。而且，拼团与会员积分返利激励体系结合起来使用，不仅能够带来新用户数量与订单量的"双增长"，而且能不断壮大企业的私域流量矩阵。

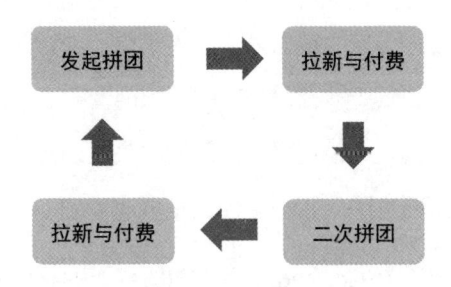

图 5-4　新东方的拼团活动

新东方充分利用私域流量的多形态运营，结合分享赚"魔法石"、分享返现、拼团等丰富的销售策略触达用户，形成一个从拉新到留存的完美销售闭环（参见图 5-5），进而拉动新东方的销售业绩持续攀高。

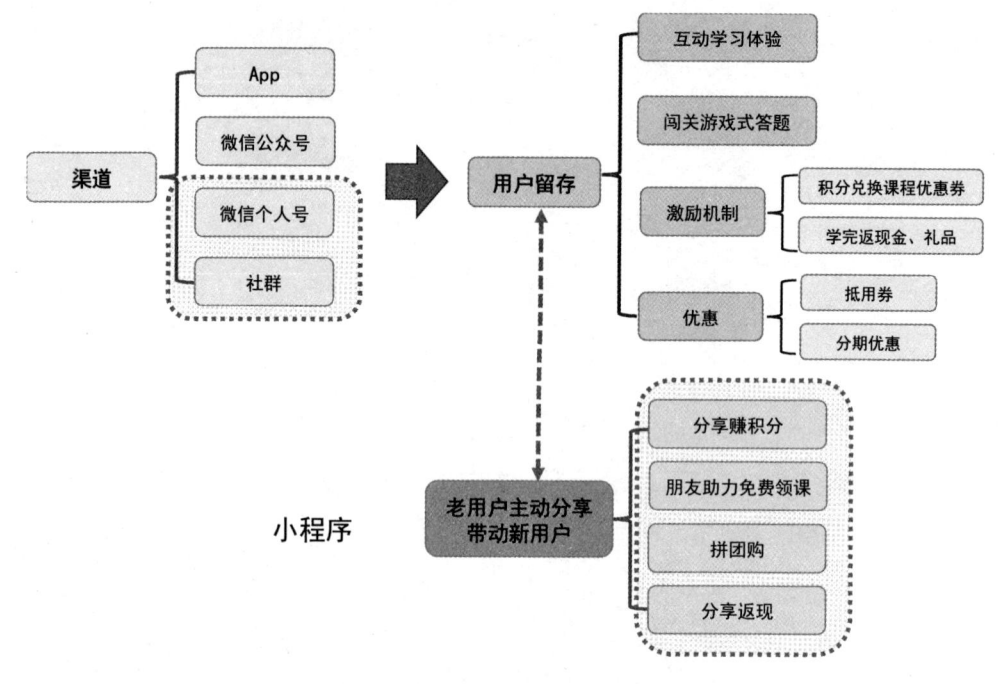

图 5-5　新东方的私域流量营销矩阵

因此，借助私域流量把零售的销售触达融入用户成交转化路径中，让商家可以通过微信朋友圈、社群、短视频等社交账户，应用售前营销、售后再营销的方式反复触达用户，达到使用户付费转化的销售目标。但问题来了，社群、微信、自媒体一直存在，商家的营销策略也不断推陈出新，为什么私域流量到了 2019 年才爆发？

以教育行业为例，过去有 QQ，2011 年出现微信，那时候通过组建 QQ 群和微信群可以实现一对多销售。那么，为什么直到 2019 年私域流量才促成了教育行业的消费的爆发式增长？这是因为互联网数字技术打通了线上和线下的教育场景，让教育产品更加丰富和多元化，能够给用户提供线上与线下多种组合形态的教育产品，给用户提供更加多元化的服务。

过去，我们会把教育场景分为两种：一种是线下场景，比如在学校里上课，或者在课外辅导班里学习；一种是线上场景，比如在网易云课堂网站上看视频课，或者在大学的网络教学平台上看直播课。在非常长的时间里，线下的教育场景和线上的教育场景是割裂开来的，这也是一直困扰互联网教育从业者的一个痛点。

每个家长都希望自己的孩子能够得到优质的教育资源，最好是名师一对一辅导。但名师资源毕竟有限，纯粹的线上直播或者录播课程虽然打破了地域和时间的限制，但学生和老师没有互动，家长和老师也没有互动，因此很多家长并不买账。

5.1.4 自带社交互动属性的产品设计

从 2018 年开始，"凯叔讲故事"在打通线上和线下教育产品的尝试上，取得了不小的进步。"凯叔讲故事" App 上有一门训练营课程——"思维导图"非常有意思（参见图 5-6）。此课程的主要内容为线上教学视频，每周更新两三次正课，共 24 节正课、6 节答疑课，均为录播形式；此课程还提供实体教材，让孩子在上视频课的同时，可以在实体教材上做作业。

图 5-6 "凯叔讲故事"的训练营课程

除线上教学视频+实体教材外，真正促使这门"思维导图"训练营课程产生裂变传播及高用户黏度的是社群互动环节：购买课程的用户都会加入一个学习群，每周六下午1点，会有老师进群和家长互动，包括给出辅导建议、答疑、一对一作业点评等。而且，这个群还配有班主任（课程学习助手），专门负责面向家长的课程日常答疑服务。

在"凯叔讲故事"平台上，这类"线上录播视频+社群互动+线下教材"的课程形式被称为"训练营"。在内容产品的设计上，利用社群互动的形式进行一对多的交流，让用户感觉和老师的距离更加近，同时又有线下的教材，让家长和孩子有切身的感触。这种形式的训练营课程，把线上与线下的优势充分结合，让教学跨越时间、空间的隔阂（参见图5-7）。

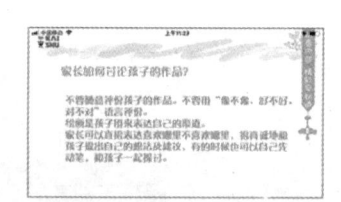

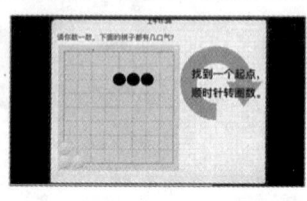

| 视频：实操细节特写 | 视频：PPT/动画式呈现 | 视频：其他辅助场景/课程形式 |

图5-7 训练营课程的互动环节

"凯叔讲故事"训练营的产品形态，可以让一个课程开设很多期。也就是说，课程产品的开发成本主要集中在第一期，从第二期开始，只需要对产品包装、宣传视频、开头的免费体验课做优化即可，其他课程内容可以复用。随着时间的推移，训练营课程除了会带给"凯叔讲故事"更多的收益，还能通过老用户的分享带来更多的新用户，从而进一步降低用户获取成本。因此，这个产品具有边际成本越来越低、边际收益越来越高的特性。

总结一下"凯叔讲故事"的课程内容特色，一共有三个非常明显的特征。

第一个特征：实用性。课程内容强调实用技能，如面向父母的摄影、推拿，面向孩子的非洲鼓、尤克里里等。

第二个特征：借力 KOL[①]引流。早期的微课多和心理、健康等领域的 KOL 合作，如心理学家武志红、记忆大师卢菲菲等。通过这些合作，让 KOL 的粉丝也聚集到"凯叔讲故事"平台上。通过互惠互利的合作模式，KOL 也愿意通过自身的影响力把粉丝引流到"凯叔讲故事"的主平台上。

第三个特征：重服务，特别是社群互动服务。"凯叔讲故事"主推的训练营课程强调学习效果，通过陪伴式互动答疑、作业点评等服务强化课程的落地效果。

"凯叔讲故事"正是通过以上产品设计，打通了线上与线下，并和用户建立了高效率的交流通道，这时候，私域流量推动用户消费增长的裂变效应出现了。

5.1.5 产品定位与定价

有关少儿教育的课程产品，不仅仅是给小孩使用的，也需要把家长纳入配套服务的范畴。尽管产品最终是给孩子使用的，但挑选产品、付款、感受产品能否起到培育孩子的效果，这些都需要家长参与，因此要把家长纳入配套服务的范畴，才能让家长心甘情愿地选择你的产品。

在"凯叔讲故事"的课程产品矩阵中，如图 5-8 所示，这类"线上录播视频+社群互动+线下教材"轻服务训练营产品是主力产品，也是核心盈利产品，纯线上视频/

[①] Key Opinion Leader，简称 KOL，即关键意见领袖，通常指某行业或领域内的权威人士，对某群体的购买行为有较大影响力。

音频课程作为训练营课程内容的补充，价格便宜的微课是引流产品。

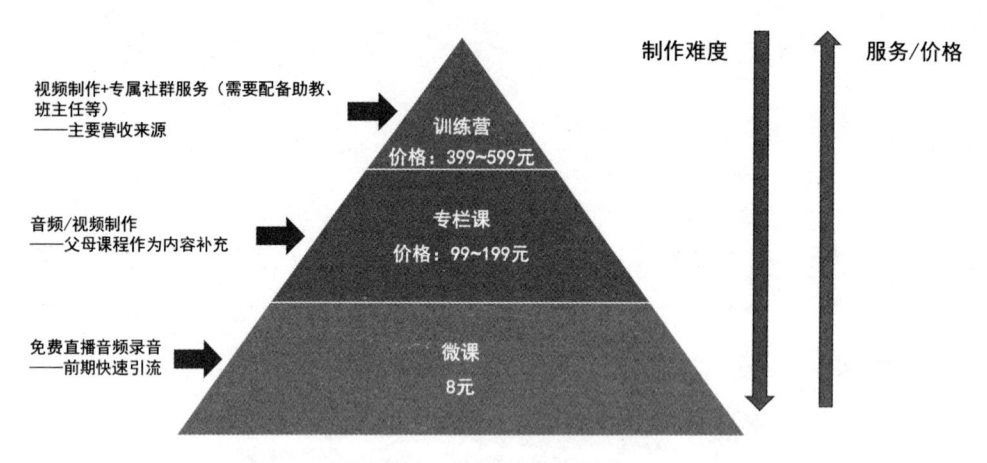

视频制作+专属社群服务（需要配备助教、班主任等）
——主要营收来源

训练营
价格：399~599元

音频/视频制作
——父母课程作为内容补充

专栏课
价格：99~199元

免费直播音频录音
——前期快速引流

微课
8元

制作难度　　服务/价格

图 5-8　"凯叔讲故事"的课程产品矩阵及定价策略

"凯叔讲故事"训练营课程这样的产品形态不是一下子出现的，它经历了一个发展、演变过程（参见图 5-9）。在"凯叔讲故事"发展初期，产品形态以纯线上音频/视频为主，业务的爆发来自于第一个训练营课程产品的尝试。当把私域流量的社群营销维度融入原有的课程产品中后，不仅增强了课程的服务性、提高了用户黏度，而且在产品形态上为用户发生分享裂变行为提供了产品基础，也为爆款打下了用户基础。

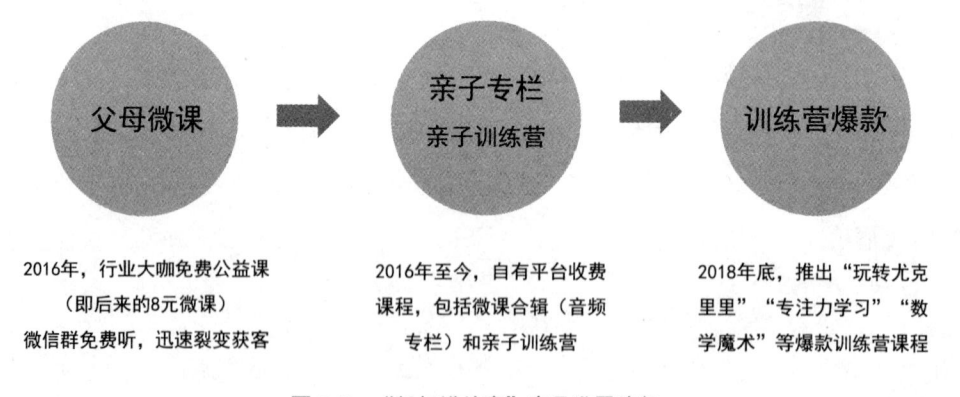

父母微课　→　亲子专栏 亲子训练营　→　训练营爆款

2016年，行业大咖免费公益课（即后来的8元微课）微信群免费听，迅速裂变获客

2016年至今，自有平台收费课程，包括微课合辑（音频专栏）和亲子训练营

2018年底，推出"玩转尤克里里""专注力学习""数学魔术"等爆款训练营课程

图 5-9　"凯叔讲故事"产品发展路径

5.1.6 用户路径与用户营销体系

由于"凯叔讲故事"的产品中带有社群互动的环节,这种用户路径的设计,既能够引导用户在 App 上使用产品,还能将用户沉淀到社群和客服的微信个人号中,为"凯叔讲故事"的用户营销体系带来持续不断的用户沉淀和裂变效应(参见图 5-10)。

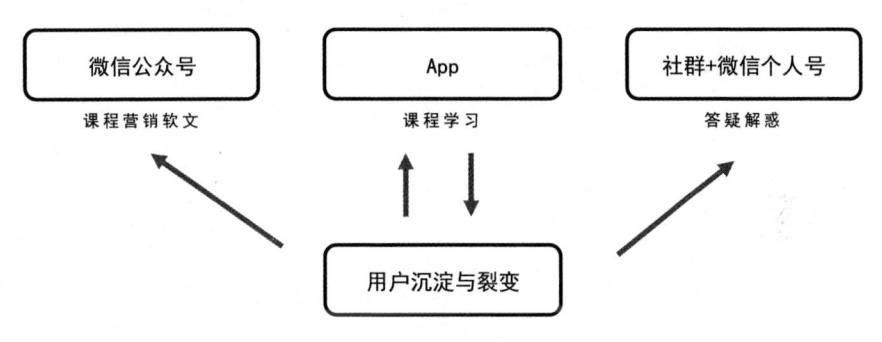

```
微信公众号          App          社群+微信个人号
课程营销软文        课程学习         答疑解惑
       ↖           ↑↓            ↗
              用户沉淀与裂变
```

图 5-10 "凯叔讲故事"的产品用户路径设计

"凯叔讲故事"的用户营销团队充分利用社群天然的社交连接与互动效应,把微信公众号、App、微信小程序、私域流量横向打通,形成了自带裂变效应的用户营销体系(参见图 5-11)。整个用户营销体系的发展分为三步:

第一步,流量都聚集在微信订阅号上,后来上线的 App 逐渐成为主阵地。

第二步,社群作为引流方式之一,通过免费直播、妈妈间相互拉人引流。

第三步,社群承担训练营课程的互动答疑功能,同时也通过用户分享返现、拉新返现等形式,实现新老用户的同时裂变。

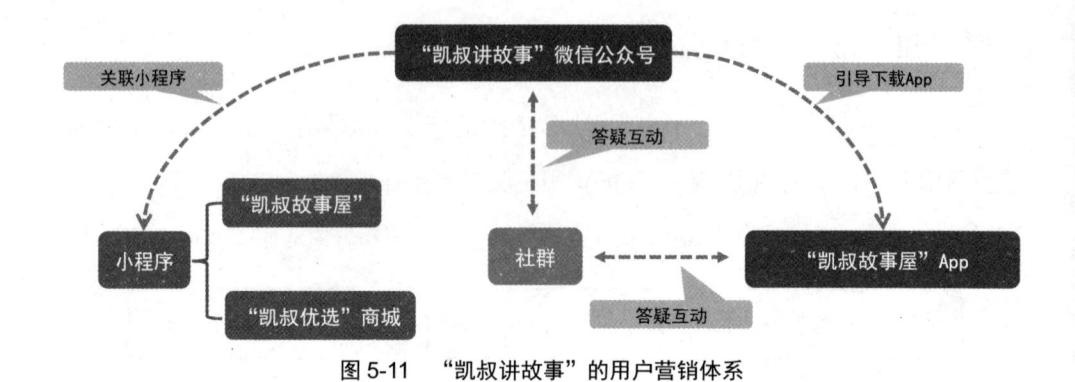

图 5-11 "凯叔讲故事"的用户营销体系

5.1.7 私域流量爆发的原因

通过以上案例我们不难发现，私域流量在 2019 年首先在教育领域爆发有以下四点原因。

第一个原因：用户需求成熟且巨大。2019 年，很多"90 后""95 后"妈妈们已经能够突破传统育儿理念，不仅为孩子购买线下教育产品，也开始接纳线上教育产品对孩子的正面作用。从"凯叔讲故事"等平台快速发展中就可以看出，全新一代妈妈们的育儿理念发生了巨大改变。

第二个原因：产品和服务支持。"线上录播视频+社群互动+线下教材+微信个人号 1 对 1 交流"四合一的全新产品形态，把线上教育场景与线下教育场景打通，让产品能够同时满足用户"线上+线下"的教育需求。

第三个原因：用户获取成本降低。私域流量的"社群+微信个人号"模式，能够高效率沉淀具有核心价值的用户，并通过社群、微信朋友圈传播等方式，借助拼团、打卡、拉新返现等手段，实现"老带新"裂变增长，从过去的"人找课"到现在的"课找人"，既提高了获客精准度，又直接降低了新用户的获取成本。

第四个原因：销售效率提高。企业通过私域流量，在用户场景中增加了一对多的售前营销、售后再营销的环节，提高了销售效率，最终获得用户付费（首单+复购）增长。

用户需求成熟且巨大、具有社群裂变属性的产品和服务、能够降低用户获取成本、能够提高销售效率，这四个因素的相互叠加，让商家能够通过私域流量对用户进行高效的售前、售后营销触达，进而带来交易量的裂变式增长，这才是私域流量在 2019 年能够爆发的核心驱动力。

在用户为驱动的市场中，无变现，不增长！

5.2 "低门槛体验"是引流产品的关键抓手

2019 年，笔者受一家从事少儿绘本行业的互联网公司的邀请，给遭遇盈利增长天花板的他们进行诊断，寻找破局之法。通过诊断，笔者发现这家公司有以下几个问题。

问题 1：业务线单一，产品单一。这家公司在过去 4 年一直深耕少儿绘本市场，而在国内少儿绘本市场趋于饱和的大环境下，单一产品很难获得用户的持续使用。

问题 2：用户沉睡，没有盘活。这家公司拥有近 1 千万注册用户，但日活只有 30 万不到，基数巨大的用户并没有被盘活来推动用户变现增长。

问题 3：用户渠道缺乏运营。除 App 作为主阵地外，微信公众号的用户活跃度也不高，并没有给 App 带来订单增长，也就是说以微信公众号为首的自媒体矩阵并没有发挥盘活用户池、带来用户付费增长的作用。公司的几个社群号极度不活跃，缺乏有效的私域流量用户营销手段。

如何破局？笔者通过"三步走"策略，以"低门槛免费体验产品"作为用户营销工作的抓手,并发挥社交裂变传播的作用,以存量带增量,从 0 到 1 开辟新的少儿教育市场,为这家公司打开新局面。

5.2.1　结合刚需定目标

第一步:重新定位用户刚需,精准定位目标用户市场。

家长们选择少儿教育产品,背后的驱动力是给自己的孩子提供更好的教育和成长环境。绘本并不是不可或缺的产品,家长们并不会为存在同质化情况且非必需的产品持续买单。在少儿教育市场中,谁更能接近教育市场的刚需,谁就能正确打开用户的钱包。相比绘本产品,识字、拼音、数学逻辑等少儿课程产品更能获得家长们的亲睐。

因此,要打破这家公司现阶段的发展瓶颈,不是在已经饱和的绘本市场中寻找出路,而是开辟新的战场——少儿语文、数学、科学等学前教育市场,为家长们提供更接近刚需的教育类产品。"凯叔讲故事"能够迅速发展的核心原因之一,就是从单一的绘本产品中跳出来,开辟全新的少儿通识类教育课程,给家长们全新的产品,满足家长们教育孩子的需求。

在从 0 到 1 创业转型阶段,从时间成本、团队成本、试错成本角度考虑,"凯叔讲故事"就是笔者为这家公司设定的对标公司。先模仿,让团队在模仿中学习业务,在模仿中发挥自身的特点优势。从模仿走向创新,这是笔者给这家公司设定的第一阶段的战略目标。

5.2.2　设计用户使用场景

第二步:围绕第一步设定的目标定位产品,设计高、中、低组合的产品矩阵,并让产品形态自带销售与裂变属性。这一步的核心,就是开发出能够同时在公域流量与私域流量中裂变、使用、购买的产品。如前面章节所述,产品需要具备能在社群、微信朋友圈中传播、裂变的属性，在此前提下，才能通过私域流量营销策略获得用户量与交易量的裂变式增长。因此，笔者对这家公司的产品开发提出了以下几个要求。

第一个要求，在产品形态上：

- 既要有免费产品作为获取用户的抓手，也要有用于实现裂变传播的低价产品来引流获新（获取新用户）。
- 形成"免费产品、低价产品、高利润盈利产品"三位一体的产品组合。
- 既要有录播产品，也要有直播产品。
- 除虚拟产品外，还需要有实物产品进行搭配。

第二个要求，在内容类目上：

- 选择语文、数学、科学三个"刚需赛道"。
- 对于核心盈利产品，不仅要有针对学生的课程，还要有针对家长的增值服务。

第三个要求，在用户使用场景上：

- 对于核心盈利产品，既要有线上用户场景，也要有线下用户场景。
- 对于核心盈利产品，需要让学生与家长能够在社群中与老师互动。
- 用户除了能够在 App、微信公众号中观看课程视频，也能够在社群、微信朋友圈中直接点击链接观看。

第四个要求，在用户路径上：

- 对于产品的购买路径，除了支持直接在 App、微信公众号中购买产品，也支持在社群、微信朋友圈、短视频中，通过扫描海报上的二维码，或者点击链接进行购买。
- 对于产品推广页面，既要用于微信小程序的页面，又要有 H5 类型的页面，便于用户在多种类型的渠道与场景中传播、观看、购买。

当笔者提出以上这四个要求后，这家公司的产品团队陷入冥思苦想的状态。原有的产品开发逻辑，虽然能覆盖 App、微信公众号、微信小程序等应用场景，但已经无法满足私域流量的用户场景。为此，产品团队在产品设计中增加了社群互动及传播属性，形成"线上视频课程、社群互动、线下教材"三位一体的全新少儿课程产品，并把这种轻服务训练营产品作为主打盈利产品。同时，这家公司还推出免费体验课、低价课程，这两个产品主打"免费""低价"，作为引流产品来吸引用户。如图 5-12 所示，这家公司最终建成了由引流产品与盈利产品共同组成的产品矩阵。

课型	引流产品	引流产品（专栏课、微课）	盈利产品（训练营课程）
定位	引流产品		盈利产品
产品形式	5日免费训练营+直播课	音频/视频	视频课+社群+线下教材
合作方式	自研	引入	自研
价格体系	免费	1~19元	299~999元

轻服务训练营课程
高课单价盈利产品

视频课 — 社群互动（加强用户黏度） — 线下教材（线下产品触达）

图 5-12　产品矩阵

5.2.3　设计引流产品抓手

第三步：设计引流产品抓手——5 日免费训练营

前面提到，单纯地把产品做出来，直接推到用户面前，方式生硬，转化率低。因此，需要设计一个低门槛免费体验产品，让用户通过参与免费体验课，进而沉淀到社群与售前客服微信个人号中，最后通过社群与微信个人号的触达服务，促进用户的成交转化。产品抓手必须发挥两个作用：一是把用户沉淀到由社群、微信个人号组成的私域流量池中；二是通过这个产品激发用户通过自身的社群和微信朋友圈主动分享，从而达到裂变传播的目的。

第 5 章　私域流量变现

一、在产品设计中，从用户看到产品的第一眼开始，就进行销售触达，具体流程如图 5-13 所示。

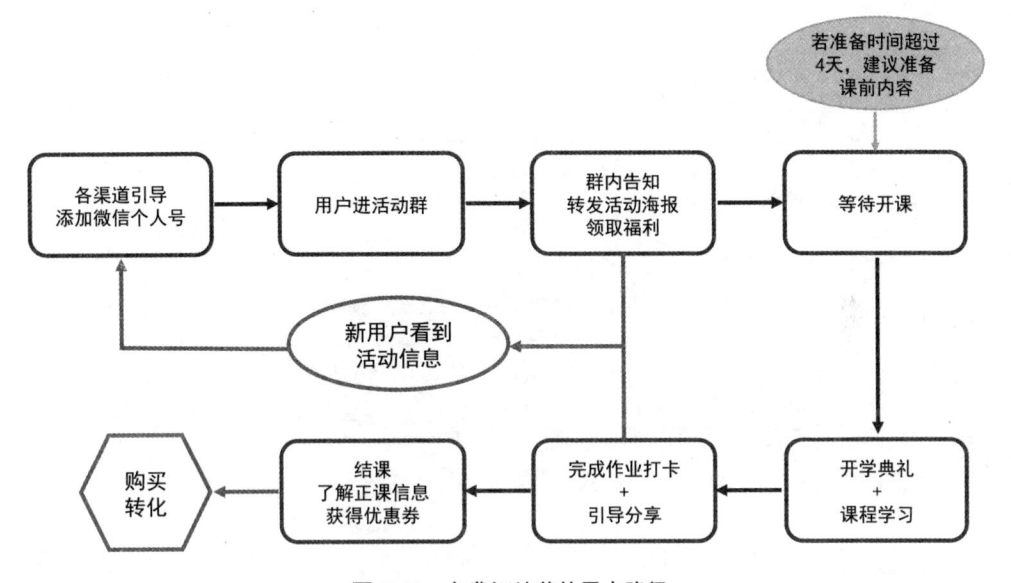

图 5-13　免费训练营的用户路径

- 第 1 步：引导用户通过微信朋友圈、社群主动转发海报，获得免费体验课的参与资格。
- 第 2 步：引导用户添加售前客服微信个人号，用户需要将分享海报的截图发给客服人员，进而获得进群资格。
- 第 3 步：在免费体验课结课时，在课程群中引导用户购买正课，进行转化。
- 第 4 步：在结课时，客服人员微信号、班主任微信号、老师微信号都需要在微信朋友圈转发正课链接，进一步触达用户，进行正课购买转化。

二、在活动内容上，如图 5-14 所示，在用户体验路径中增加打卡及互动等环节。

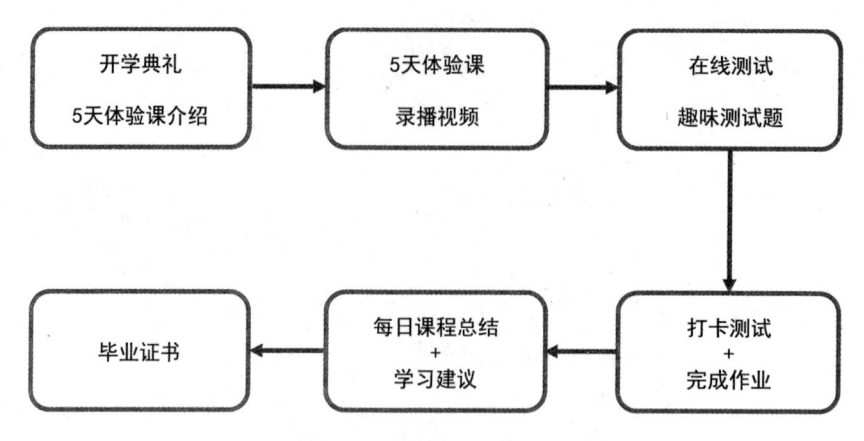

```
开学典礼              5天体验课           在线测试
5天体验课介绍    →    录播视频      →    趣味测试题
                                            ↓
毕业证书    ←    每日课程总结     ←    打卡测试
                 +                        +
                 学习建议                  完成作业
```

图 5-14 用户路径中的互动环节

设计用户互动环节时，有两个注意点：一是采用自愿原则，不打卡不影响免费课程的体验；二是采用"以利诱导"的策略，对于主动分享、打卡的用户，给予购买正课的现金优惠券或者折扣券，以提高正课购买转化率。

三、在课程内容的设计上，也有三个注意点。

- 1. 不能生硬地把课程链接发到社群里，让用户直接观看。
- 2. 需要设计开学典礼、在线测试题、打卡、课程总结、毕业典礼，来增加产品的互动体验。
- 3. 在时间安排上，要充分考虑用户的时间，错开家长忙家务和做饭、孩子午睡的时间。

在实际的业务运营过程中，我们还对社群引流产品进行了多样化组合，并制定了具体的时间计划表，如图 5-15 所示。

通过这个免费引流产品，我们不仅获得了私域流量中沉淀的用户，还通过用户的裂变增长引入了大量新用户。据统计，参与免费课的用户购买正课的成单率达到了 22%~25%，这个成交转化率是非常惊人的。

时间	Day 1	Day 2	Day 3	Day 4	Day 5
16:30	开学典礼	晨间分享：每天一个新知识（必备！）			
17:00	语法课	写作课	美术课	育儿心理课	专项知识课
19:30	晚间互动：饭后小问答（让知识与营养一起消化！）				毕业典礼
下午16:30	①Day 1，开学典礼，介绍如何学习课程，以及5天课程如何安排 ②Day 2至Day 4，每日一个知识分享，做成海报形式，共4张				
下午17:00	每日更新一节训练营课程，共5节视频课				
晚上19:30	①Day 1至Day 4，围绕当日视频课程内容发布问答题目，每日3题，共12题 ②Day 5，毕业典礼，总结5日收获，介绍训练营正课，完成引流				

图 5-15　免费训练营课程的时间计划表

在市场中，很多公司采用"以免费产品作为抓手，以私域流量作为用户营销主阵地，'圈'到用户后再做成交转化"的策略。其中，一种高效获取新用户的方法是通过给新用户发放免费体验券进行用户的留存与拉新，当用户沉淀下来后，采用拼团购的策略，一边推动裂变传播，一边实现用户成交转化（参见图5-16）。

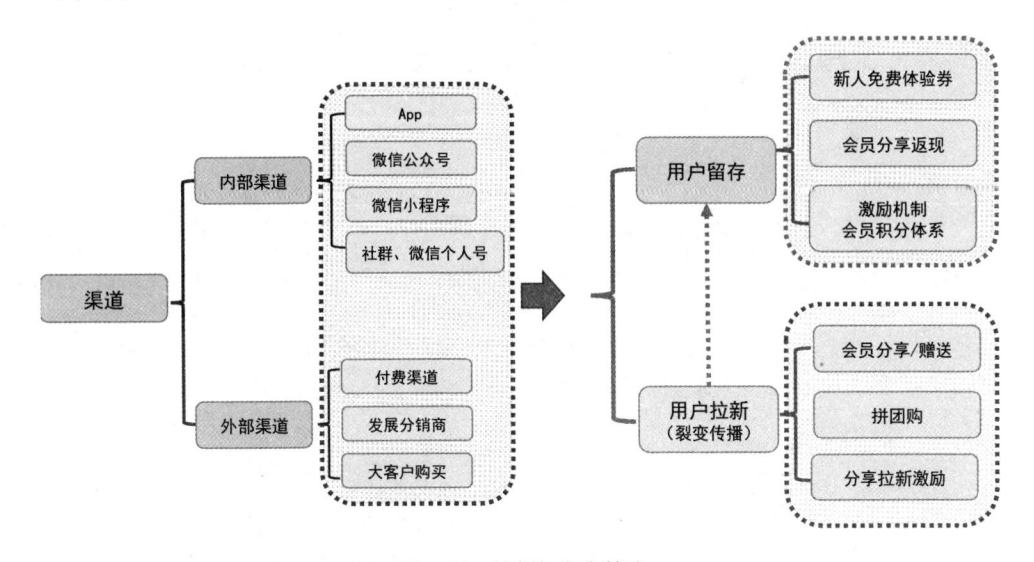

图 5-16　拉新与留存策略

因此，在整个免费体验产品的设计上，不仅要考虑产品的使用属性，还需要考虑以下几点。

第一点：在活动宣传推广上，需要清晰明确地告知用户如何添加客服人员、销售人员的微信号，满足用户咨询的需求。

第二点：在用户路径上，设计低门槛的获得免费产品的动作，比如将课程海报分享到微信朋友圈、微信群，然后截图给客服人员。

第三点：在活动流程中，需要有用户和社群管理人员（班主任）、老师的互动环节，在这个过程中不断提高用户的满意度。

第四点：在产品转化环节上，采用"免费课+优惠券+团购"的组合方式，能够提高用户的购买转化率。同时，在客服人员、销售人员的个人微信朋友圈中发布产品购买链接，以增进用户触达，提高购买转化率。

5.3 "直播+私域"引爆带货效率

"酒香也怕巷子深"。免费体验课程产品设计出来后，上一节提到的那家公司开始着手新的工作，盘活 App 与微信公众号中的存量用户。通过免费体验课程产品，公司从 App、微信公众号、抖音短视频号的存量用户中筛选出第一批种子用户，把这批种子用户沉淀到私域流量池中，作为裂变增长的起点。

5.3.1 社群直播

首先，这家公司邀请课程老师进行线上直播，并制作宣传海报通过微信公众号、App 的资源位对老用户进行推广。感兴趣的用户通过扫描海报上的二维码添加客服微信号进行咨询，并被客服人员邀请到报名群中。通过这一步，可以将感兴趣的用户沉淀到微信个人号和报名群中，完成种子用户的第一步沉淀。在购买线上少儿课程产品的用户中，孩子的妈妈占绝大部分，妈妈们一旦发现某个平台的课程内容不错，就会有更大的概率购买更多的产品，也为后期的复购打下了基础。

接下来，加入报名群的用户需要通过微信朋友圈、社群转发活动海报，并截图给客服人员进行验证，才能获得免费参加直播课的资格。在这一步中，这些老用户通过微信朋友圈和社群主动分享海报，能够给活动拉来更多的新用户。妈妈们更愿意和他人分享，会主动把好产品分享给闺蜜、亲朋好友、孩子同学的家长。在实际操作过程中，很多老师也自带流量，会发动身边的关系网和传播网，把直播课的海报推送给更多的新用户。当老用户和老师们把课程产品通过自己的微信朋友圈、社群主动分享出去的时候，就激发了用户老带新的裂变引流效应，为私域流量池沉淀更多的种子用户。

这家公司采用的第一种直播课的形式是"社群视频直播+社群语音互动"。用户观看直播的场景不需要离开社群，还能在社群中和老师进行互动问答。这样的形式可以使用小鹅通、有赞等第三方平台，以获得技术层面的有效支持。多次项目验证，这种社群直播模式具备高转化的变现能力，老师的视频直播课能够促进用户对课程产品的了解，而老师在社群中与用户的语音互动又能够加强用户对课程产品的兴趣与热情。在这样的情绪氛围驱动下，直播课最后推出正课购买链接时，会有 20%~25%的用户发生直接的购买转化。从图 5-17 中可以看到完整的社群直播用户路径。

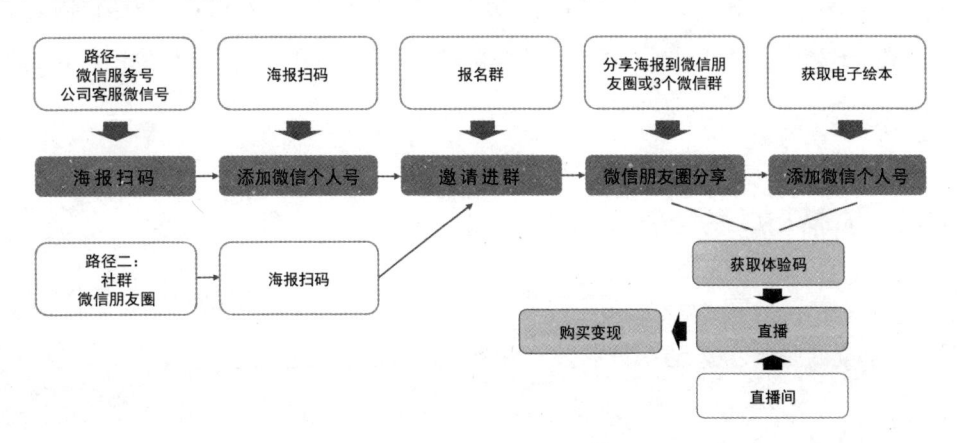

图 5-17 "社群+直播"用户变现路径

5.3.2 四个直播小技巧

通过参与多次社群直播，笔者总结出以下四个社群直播小技巧。

1. 对已经获得免费直播课观看资格的用户采用"分享就送正课优惠券"的激励策略，能够激发用户的二次裂变传播。

2. 已进群的用户进行二次传播，在很大概率上会把信息传递到具有共同需求的用户群体中，比如孩子的家长群，或者有孩子的朋友、同事群体。因此，被二次传播引入的新用户，是具有高精准度的目标用户。

3. 老师在做直播的时候，可以介绍课程的优点，但不能强推课程购买链接，需要班主任（群主）进行营销跟进，提高用户体验。

4. 对于已经购买课程的用户，需要由负责售后服务的人员主动添加到售后微信个人号中，把具有高复购潜力的用户沉淀到私域流量池中。

对于处于从0到1起步阶段的业务环节来说，盘活存量用户是激发老带新的裂变传播的起点。以主动分享海报为裂变传播手段，以社群直播为产品载体，是将公域流量中的种子用户快速沉淀到私域流量池的有效路径。发挥私域流量天然的社交传播特性，不仅能够开启用户自身的关系网与传播网，还能通过这些发生主动分享行为的用户更精准地触达更多有需求的用户，获得高成交转化率，达成私域流量的用户变现目标。

5.3.3 直播+私域

随着业务的发展，私域流量中的用户需求与变现路径也变得丰富起来。为了满足用户多样性的需求，获得更高的成交转化率，这家公司将短视频、短视频直播、免费体验课三个不同产品与私域的社群直播结合起来运营，形成了两种不同类型的用户变现路径。

这里先介绍第一种用户变现路径：通过直播（公域）+私域的联合推广，把用户沉淀到微信个人号与社群中，通过让用户参与免费体验课与免费社群直播，进而获得转化。在这个过程中，免费体验课与社群直播不仅可以作为单独的转化产品，还可以结合起来应用。以 5 日免费体验课为例，在每个产品周期中，在开学典礼与毕业典礼上增加老师的社群直播环节，通过社群直播与免费训练营的结合，能够在课程的开始就带来正课的付费转化，这一引流产品组合策略（参见图 5-18）在很大程度上提高了正课产品的成交转化率。

时间	Day 1	Day 2	Day 3	Day 4	Day 5
16:30	开学典礼	晨间分享：每天一个新知识（必备！）			
17:00	语法课	写作课	美术课	育儿心理课	专项知识课
19:30	晚间互动：饭后小问答（让知识与营养一起消化！）				毕业典礼

图 5-18　"社群+直播"的产品组合策略

5.3.4　短视频+直播+私域

第二种用户变现路径：通过有趣的短视频内容吸引用户，积累粉丝；通过在抖音短视频中嵌入淘宝店铺的产品链接，在快手短视频中嵌入快手小店的产品链接，带来成交转化；对于在两个平台上无法直接售卖的少儿教育课程产品，需要将课程的教材作为转化载体，在用户收到教材后，扫描教材上的二维码，添加售前客服微信个人号，来进一步引导购买课程的剩余步骤。这一路径偏长，转化效果并不好。在这个操作过程中，笔者发现了很多人遭遇过的短视频变现受阻的三个重要原因。

- 第一个原因：没有淘宝店的支撑，缺乏产品购买路径的载体。
- 第二个原因：由于抖音、快手平台对产品品类的一些限制，导致部分非实物类商品难以直接售卖，用户变现路径受阻。
- 第三个原因：只做短视频，不做直播。正确的方式应该是以通过短视频引流、通过直播实现变现转化。在直播中引导用户添加微信个人号，把用户沉淀到私域流量池中，能够实现用户变现效率的最大化。

结合以上分析，笔者指导这家公司对短视频公域流量池中的用户交易路径进行了优化。一方面，在短视频中增加播报客服微信个人号的环节，并做了一个展示客服人员微信号的桌牌放在拍摄现场。通过这个环节，从短视频的公域流量池中引流出不少用户到客服微信个人号中，再通过建群和微信朋友圈分享的方式，推广免费体验课与社群直播课，再进行变现转化。另一方面，通过短视频与抖音、快手直播结合，直接变现。比如，在抖音直播开播之前，进行多个短视频预热，引导用户报名。这种方式能够为抖音、快手直播"圈"来不少用户，不仅增加了短视频账户的粉丝量，还能在直播带货环节实现成交转化。通过短视频直播购买了课程产品的用户被沉淀到售后客服微信个人号中，完成从短视频这个公域流量池中沉淀用户到私域流量池的转化，为后面的复购转化积累用户基础。图 5-19 清晰地呈现了短视频+直播+私域的用户变现路径。

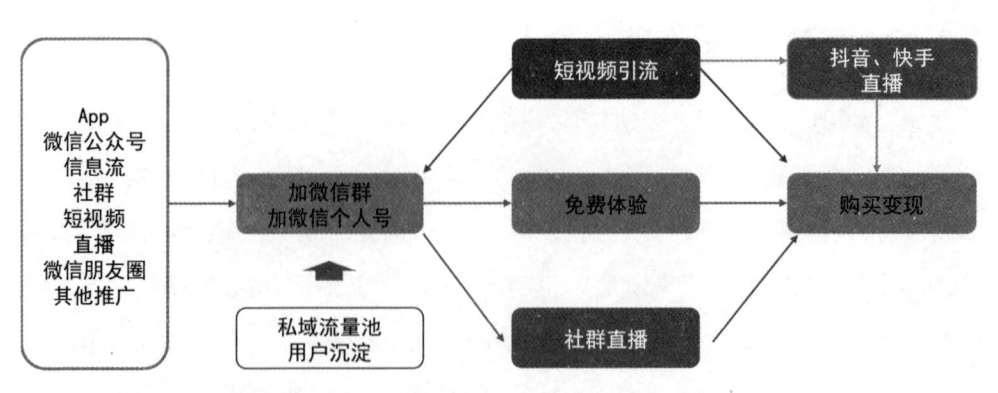

图 5-19 "短视频+直播+私域流量"的用户变现路径

5.3.5 四条用户变现路径

在实际的业务操盘过程中,笔者对私域流量运营中出现的用户变现路径进行了系统总结,并得出了四条基本的路径(参见图5-20)。

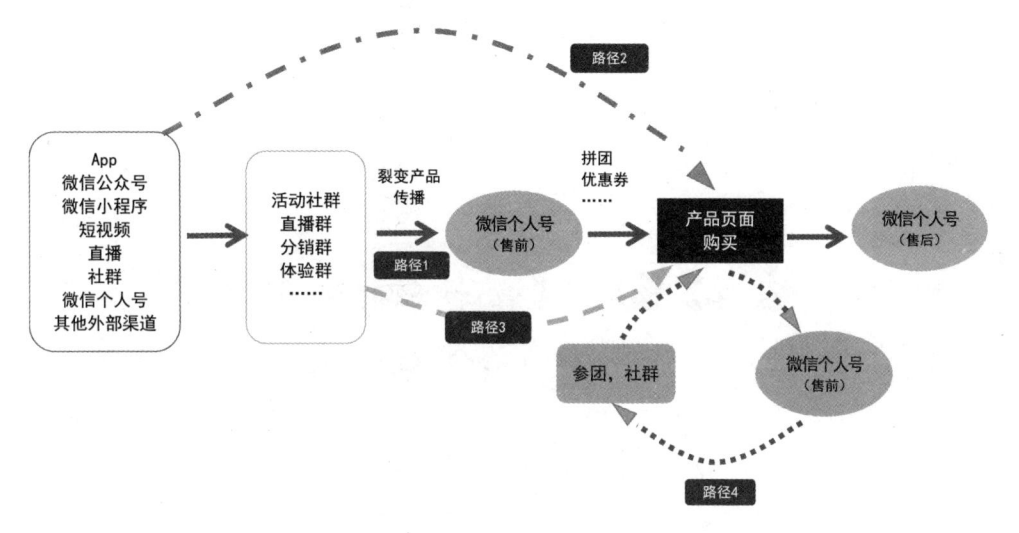

图 5-20 私域流量运营中的用户变现路径

- 路径 1（主路径）：微信公众号、App、短视频号、外部流量推广→用户加群→添加售前客服微信个人号→用户购买转化→添加售后客服微信个人号。这是主路径，也是所有产品路径及用户路径设计的核心。
- 路径 2：微信公众号、App、短视频号、外部流量推广→用户直接购买转化→添加售后微信个人号。对产品具有高信任度的用户往往会走这条路径，而那些复购的用户也会走这条路径。
- 路径 3：和路径 2 唯一的不同是，用户先加群，通过群来实现用户的购买转化。
- 路径 4：微信个人号（售前）→参团社群→产品页面购买转化。这是一个独立的闭环，针对所有通过不同路径进入产品页面的用户进行售前互动与社群互动，进而提高用户的购买转化率。

以上四条用户变现路径，是营销人员在设计私域流量的用户变现路径时，需要不断思考和验证的。让用户"看得到、买得到、乐得买"的营销真经，在私域流量的运营中有着同样的效果。

5.3.6　打通公域与私域的流量业务执行路径

有了用户路径，公司就能够围绕用户路径来设计社群的业务路径。顺畅的社群业务路径有助于高效地把用户沉淀到社群与微信个人号中，并在社群中实现用户成交转化，如图 5-21 所示。

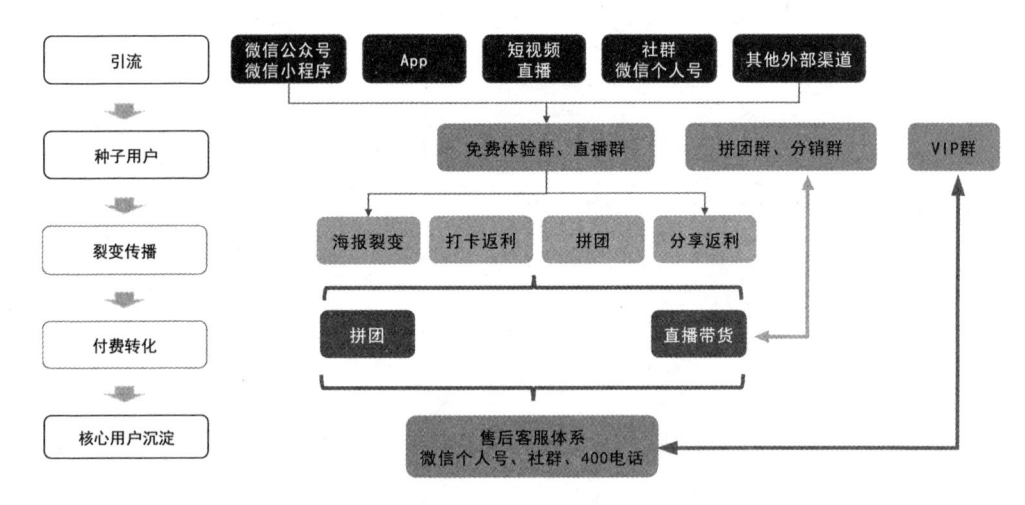

图 5-21　"公域+私域"的流量业务执行路径

笔者总结出了做好社群营销的五个业务步骤。

第一步：对通过微信公众号推广、App 导流、短视频号、微信朋友圈、社群、外部流量渠道推广等带来的用户进行筛选，把对课程感兴趣的种子用户拉入课程微信群。

第二步：以免费体验课、免费直播课等产品作为推广产品，把种子用户从公域流量池沉淀到社群与售前客服微信个人号中。

第三步：通过转发海报、打卡返利、拼团、分享返利等激发用户进行裂变传播，并带来用户的成交转化。

第四步：通过拼团、优惠券、秒杀、限时折扣、直播带货等方式，进一步提高用户成交转化率。

第五步：将已经成交的用户沉淀到售后微信个人号中，完成核心用户的沉淀。

5.3.7　微信个人号运营的业务路径

社群虽然具备高传播、高转化率的优势，但也有自身的劣势。比如用户会主动退出一些微信群，并且退出后就不想再加入。一旦用户离开微信群，再把他强拉回来，体验会非常差。另一种情况是，如果一个微信群里经常出现各种广告信息，用户也会不胜其烦，从屏蔽群消息发展到最终退群。

频繁地在社群中进行营销动作，会对用户造成过多打扰，在用户体验方面产生负面影响，这时候就需要通过微信个人号的精细化运营替代社群来触达用户。通过微信个人号把信息发到朋友圈能够避免打扰用户，即使像有些微商一样高频率地在微信朋友圈中推广产品，绝大部分用户只会屏蔽朋友圈来避免被打扰，而不会删掉客服人员的微信号。因此，经营好售前与售后客服微信个人号，不仅可以获得新用户数的增长，还能获得老用户复购率的增长。

如图 5-22 所示，在微信个人号运营中，通过朋友圈、社群推送信息与一对一沟通触达，不断推出拉新返利、分享返利、拼团等活动，能够激发用户老带新的裂变传播，进而获得新用户数的增长，而通过推出限时折扣、优惠券，以及提供可以免费体验的产品，能够提高老用户的复购率。

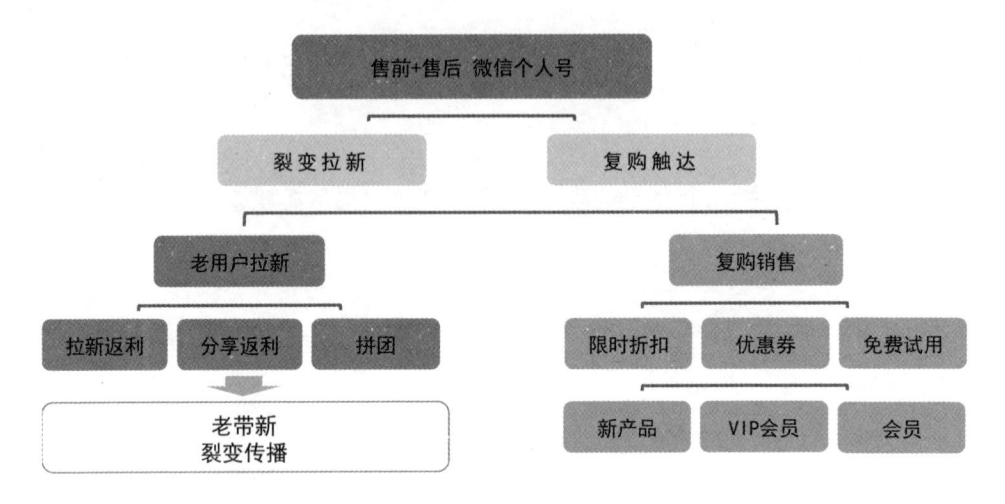

图 5-22　微信个人号运营的业务路径

5.3.8　公域+私域的用户变现增长体系

从前面的案例中可以发现，私域流量发源于公域流量池中，要做好私域流量的用户变现增长，离不开对公域流量的运营。因此，公域流量与私域流量并非二元对立的关系，而是互通共生的关系，并共同组成了公域+私域相互打通的用户变现增长体系（参见图 5-23）。

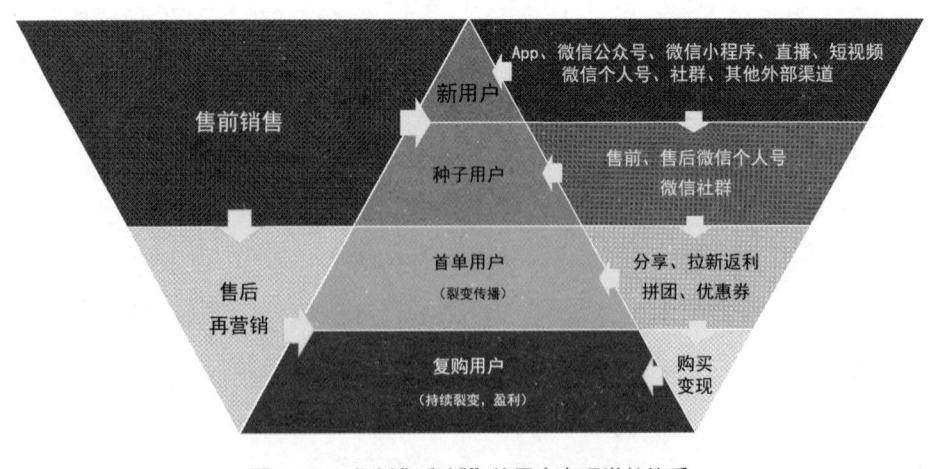

图 5-23　"公域+私域"的用户变现增长体系

最后，总结私域流量变现的四点重要经验如下：

第一，在私域用户变现路径的设计上，不但需要实现让用户迅速进入私域流量池中，而且需要让用户能够顺畅地回到公域流量池中。短视频、直播、社群活动、微信个人号推广等都是用户流量渠道，组合使用是王道。检验方案有效性的重要标准之一就是用户路径是否顺畅。

第二，私域流量运营的本质是实现更高效的销售触达。在私域流量的运营中，始终要确保每一个动作都包含销售触达，既要有售前营销触达，实现新用户的首单转化，还要有售后的再营销触达，获得老用户的复购转化。

第三，会员/非会员，是否加微信群、加微信个人号，是否主动分享等是在私域运营中对用户进行分层的重要标签，而首单、复购的成交转化，则是最核心的用户分层标准。无论采用什么样的用户分层策略，始终都要围绕目标——用户成交变现展开。

第四，私域的范围不仅包含微信生态中的社群与个人号，还包含我们在抖音、快手、微博中的个人号及这些号能够触达的粉丝。随着社会的发展，技术产品会改变，但人们的社交、建立圈子和关系网的需求不会改变。思维的改变，影响私域流量运营的广度与深度。

5.4 私域流量变现五步营销法

从商业的角度来说，私域流量的运营接近熟人直销，更接近零售的本质。无论用哪一种方式运营私域流量，其核心目标都是围绕用户变现增长的。脱离了这个目标，很容易产生为了运营而运营的情况，这对业务来说将是致命打击。

结合前文介绍的私域流量的实操运营，笔者总结出私域流量的五步营销法。

5.4.1 第一步：量化目标

私域流量运营的第一步：定方向、立目标。给业务设定清晰明确的目标，是做任何业务的第一步。设定清晰明确的业务目标，能够统一团队对业务的认知、理解，为团队凝成一个拳头打向既定的目标奠定基础。围绕核心目标，参考不同团队的不同职能，把目标拆解成不同的细化目标，进而把业务落实到不同团队的执行计划中，如图 5-24 所示。

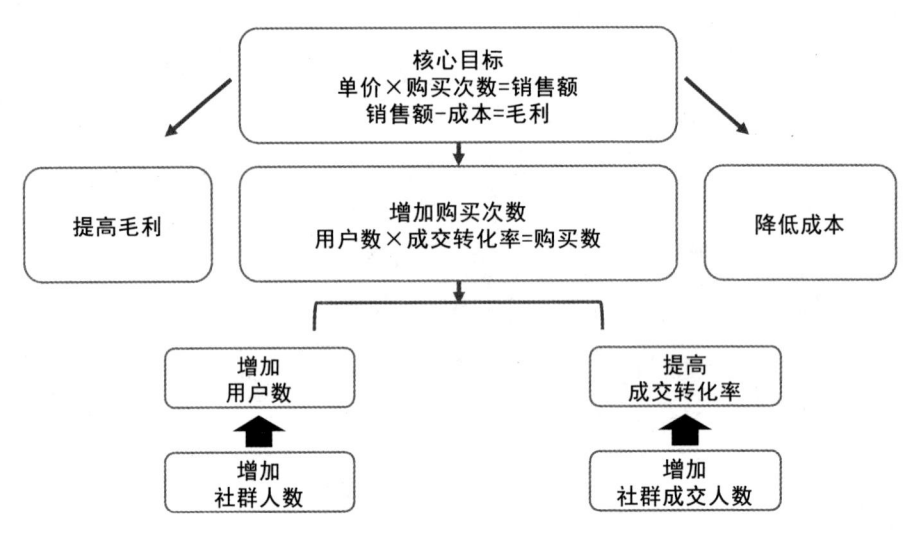

```
                    核心目标
              单价×购买次数=销售额
              销售额-成本=毛利
       ↙            ↓            ↘
   提高毛利      增加购买次数       降低成本
            用户数×成交转化率=购买数
              ↙           ↘
          增加            提高
         用户数         成交转化率
           ↑              ↑
          增加            增加
        社群人数       社群成交人数
```

图 5-24　定方向、立目标

在实际操盘的过程中，需要注意以下四点：

一、核心目标之一就是和用户变现密切相关的销售额。销售额=产品单价×购买次数。

二、除了代表现金流的销售额，毛利是核心目标的第二个组成部分，尽管"销售额−成本=毛利"这个公式不复杂，但在实际操盘的过程中，运营成本的准确核算并非易事。很多团队很容易把人员的成本估算少，或者低估甚至忽视团队的培养、磨合所产生的时间成本。

三、围绕核心成本，在业务策略上，一边增加毛利、一边降成本，这是用户变现的核心。

四、紧盯用户数与成交转化率这两项数据指标，并作为团队的 KPI。这两项指标上升，不仅意味着新用户首单转化率的增长，还意味着老用户复购率的增长，而老用户复购成交转化率的上升，代表着用户成本的下降与毛利的增长。

5.4.2　第二步：制订业务执行计划

私域流量运营的第二步：围绕目标，制订业务执行计划（图 5-25 展示了一个计划示例）。

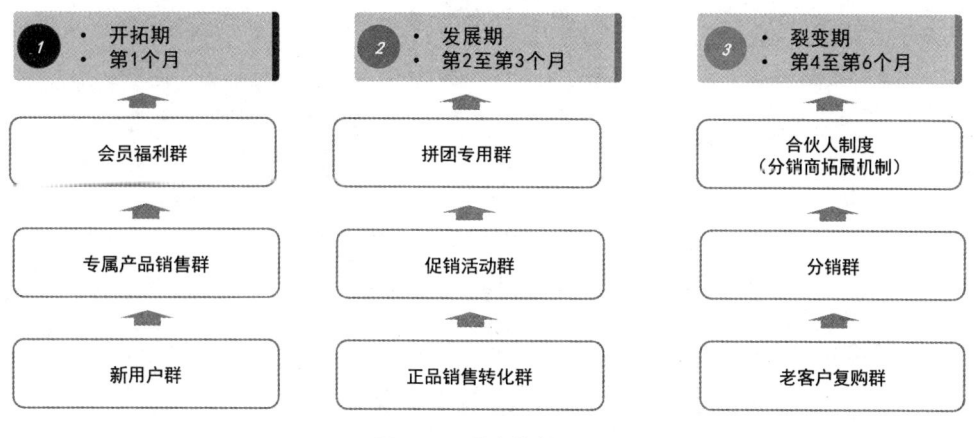

1 开拓期 第1个月	2 发展期 第2至第3个月	3 裂变期 第4至第6个月
↑	↑	↑
会员福利群	拼团专用群	合伙人制度（分销商拓展机制）
↑	↑	↑
专属产品销售群	促销活动群	分销群
↑	↑	↑
新用户群	正品销售转化群	老客户复购群

图 5-25　业务执行计划

在实际操盘的过程中，笔者一般会把总的业务时间计划表下发至各子业务板块，让各子业务板块的负责人根据此时间计划制定各子业务板块的目标，并量化数据指标。制订业务计划的顺序是：先总，后分，最后汇总。这个顺序不能搞错，如果顺序搞错，就会出现各子业务的计划时长总数和总的业务时长对不上的情况。

团队在业务的执行过程中，要每月根据实际情况修订计划。由于私域流量的运营工作比较烦琐，在开始阶段可以每周进行细节修正。如果一个计划做好就不再调整，随着时间的推移，该计划对业务的管理、指导作用将会变弱。一个好的业务落地执行计划，应该具备不断优化、调整的能力。我们还要细致分析能够对计划产生影响的因素，进而更好地推进与把控业务的开展。

5.4.3 第三步：设计用户变现路径

私域流量运营的第三步：打通用户变现路径。私域流量的用户变现路径是业务路径规划的基础，顺畅的用户变现路径决定着用户变现效率的高低（参见图 5-26）。

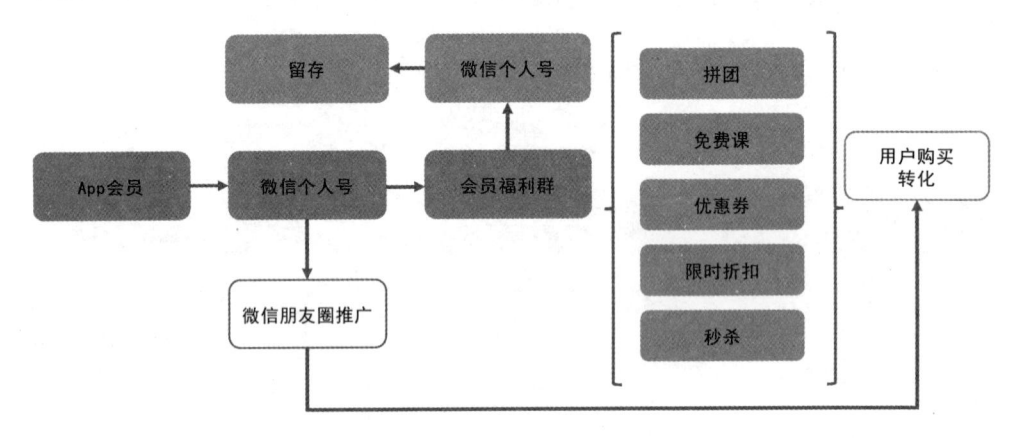

图 5-26 用户变现路径的设计

首先在路径上要确保公域与私域的打通，既要设计用户从公域流量到私域流量的路径，也要设计用户回到公域流量池（App、微信公众号等）的路径。确保公域到私域、私域到公域的双向路径通畅，这样能够提升用户体验。

其次，在社群与微信个人号的流量沉淀上，既要把用户沉淀到社群中，也要把用户沉淀到微信个人号中。特别是售后微信个人号尤为重要，沉淀到售后微信个人号中的用户是具有复购可能的高购买力用户。

最后，要给用户提供多种路径，以满足不同的需求，但最终都要指向用户购买转化这一目标。无论用户属于何种类型，一定要缩短其变现的路径，不能为了留住用户而增加路径长度，这样往往会适得其反。

5.4.4 第四步：业务计划的进一步拆分与落地

私域流量运营的第四步：围绕总的业务计划，结合用户变现路径，把计划进一步细分，落实到每一个具体项目中。拿分销业务举例，通过社群和微信朋友圈进行分销是私域业务中常用的盈利模式与执行策略，这时候就需要制订详细的分销商拓展计划，来支撑该业务的进一步落地、执行（参见图5-27）。

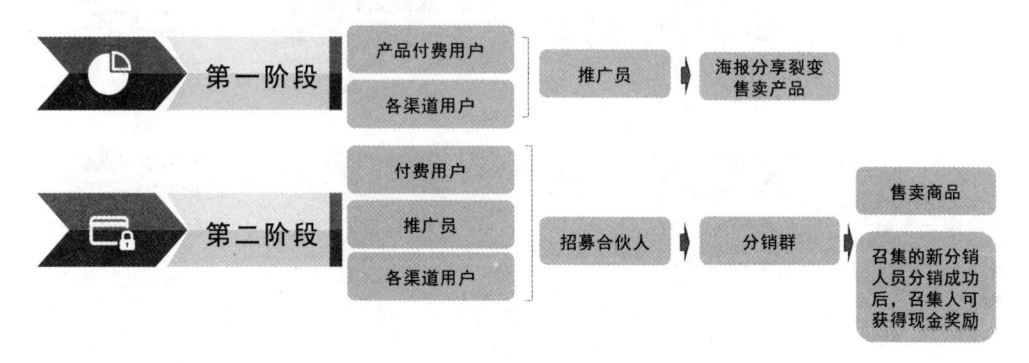

图 5-27 分销商拓展计划

在实际的操盘过程中，分销规则的设定有一个保守的方式：参考云集、斑马会员等成熟的社交电商平台的规则。其原因是，成熟平台的业务规则设定有着较严格的标准，是符合目前法律、税务等要求的，并且通过大体量业务验证过，可以降低初创业务的摸索成本。同时，在业务流程与规则的制定上，要做减法，当前阶段非必要的规则暂缓推出。在参考、模仿的基础上，进一步优化出适合自身平台的业务流程与分销策略。分销业务做得好，不仅需要好的政策支撑，更考验团队的学习能力与执行力。在业务快速成长的过程中，业务流程与规则是依靠团队通过不断的验证与学习来优化与迭代的。

在制订社群日常运营工作计划时，需要围绕业务的细分目标开展。根据"社群用户留存"与"社群用户成交转化"两个不同目标来制订不同的运营计划（参见图 5-28）。在团队的具体执行上，要对更新频率、具体发布时间、具体执行内容、相应的负责人等进行明确的规定。业务细则思考得越周密，业务流程也就能设计得越完善，这越能确保团队业务的落地、执行、拿结果。

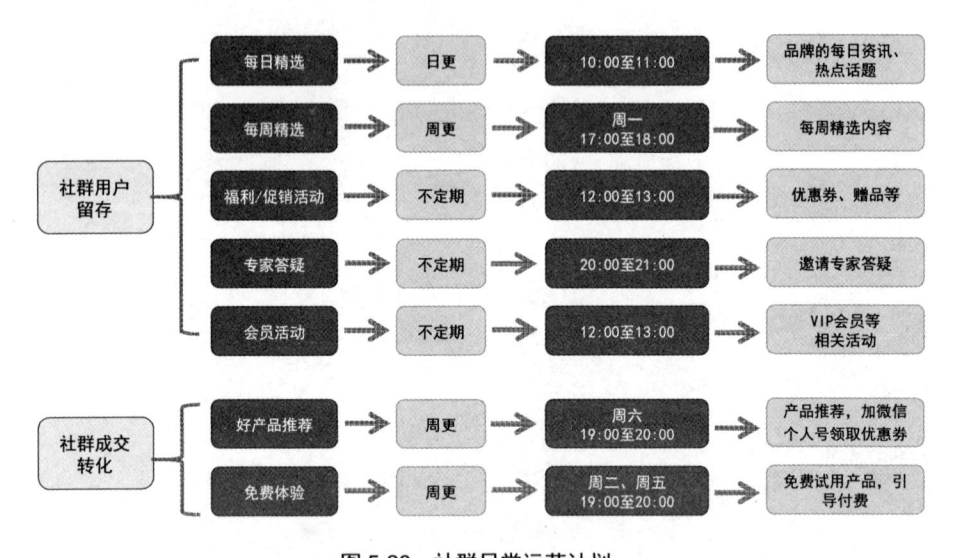

目标	内容	频率	时间	说明
社群用户留存	每日精选	日更	10:00至11:00	品牌的每日资讯、热点话题
	每周精选	周更	周一 17:00至18:00	每周精选内容
	福利/促销活动	不定期	12:00至13:00	优惠券、赠品等
	专家答疑	不定期	20:00至21:00	邀请专家答疑
	会员活动	不定期	12:00至13:00	VIP会员等相关活动
社群成交转化	好产品推荐	周更	周六 19:00至20:00	产品推荐，加微信个人号领取优惠券
	免费体验	周更	周二、周五 19:00至20:00	免费试用产品，引导付费

图 5-28　社群日常运营计划

在微信个人号的朋友圈日常运营计划的制订上，需要对发布的内容进行分类，在每一类内容中需要进一步细分栏目。对于每一个内容栏目，都需要设定具体的更新频次、更新周期以及具体的发布时间。在内容管理上，需要设定内容的发布审核机制，以及风险应对机制。每一项业务的执行都需要落实到具体负责人（参见图 5-29）。

分类	栏目名称	内容	频次	发布时间
干货类	好货分享	品牌干货知识	1次/天	周一至周五 10点/18点
	行业小知识	品牌、产品特性介绍……		
展示类	好货推荐	爆款产品、主推产品	2次/周	周一、周四、周六 20:00
	用户好评	用户好评截图、社群答疑截图	1次/周	周二、周五 20:00
	大咖介绍	KOL介绍	1次/周	周三 20:00
营销类	福利时间	社群福利活动	活动期间 每天一次	周五 20:00
	新品上新	新上架产品，发布试用活动	1次/周	周二、周四 12:00
	活动推广	微信服务号文章及活动信息	1次/周	周一、周三、周五 12:00

图 5-29　微信个人号朋友圈的日常运营计划

5.4.5　第五步：业务的落地与执行

私域流量运营的第五步：具体业务的落地与执行。

定好了计划后，需要把计划的执行拆分到不同的业务团队中，并量化考核指标。私域流量业务的运营是由多个不同的子业务版块组成的，由于职能不同，每个子业务版块的细分目标可以和总体业务目标结合起来，作为业务的量化数据考核指标。笔者一般采用的方式是，对总体业务目标的考核占50%的权重，对对应子业务目标的考核占50%的权重。以社群业务为例，一般会按照社群运营时间的长短来拆分目标（参见图5-30），进一步量化团队业务的数据考核指标：

- 长期社群以用户属性、活动进行分类，比如VIP会员群、拼团专用群、分销群，其运营目标有两个，一是增大用户总基数，二是提高社群用户活跃度。
- 短期社群一般按照不同产品进行分类，这样便于运营，其运营目标也有两个，一是裂变传播的覆盖用户数，二是用户变现带来的订单数+成交额。

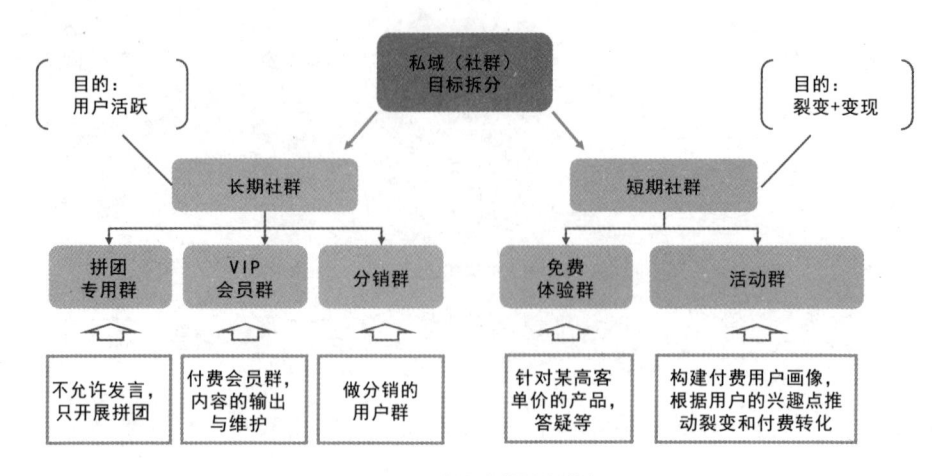

图 5-30　计划的落地与执行

在社群的运营管理上，每种社群都需要设定其生命周期，区分长期运营群与短期运营群。对于短期运营群，需要明确关闭时间。每个群需要有专门的管理员，针对不同类型用户的业务，需要指定对应的业务负责人。社群管理员和业务负责人可分别设置。由于社群运营的时间周期长，管理员 24 小时在线并不现实。因此，在设立值班制度的基础上，可通过编制"社群标准回复话术"，使用自动回复机器人作为社群日常运营的补充。

图 5-31 展示了一个社群的分类管理示例。

- 按不同的品类来划分产品社群，比如免费训练营群、讲座群等。
- 按不同的活动来划分社群，比如拼团群、"双 11"活动群等。
- 设立专门的 VIP 用户群，把有复购行为的用户沉淀到群中，并有针对性地推出提高复购转化率的活动。

第 5 章 私域流量变现

社群	群分类	群名称	备注	群成员数	管理员	负责人
社群	App老用户群	VIP用户1群	维护、运营	XXX	XXX	XXX
		VIP用户2群		XXX	XXX	XXX
		VIP用户3群		XXX	XXX	XXX
	拼团群	内部拼团福利1群	长期运营	XXX	XXX	XXX
		内部拼团福利2群		XXX	XXX	XXX
	训练营班群	护肤训练营B2班/7.23开课	课程结束后关闭	XXX		XXX
	分销群	品牌分销3群	下周关闭	XXX	XXX	XXX
		品牌分销4群	下周关闭	XXX	XXX	XXX
		品牌分销5群	下周关闭	XXX	XXX	XXX
		分销报名1群	本周新增	XXX	XXX	XXX
		分销培训上课群	本周新增	XXX	XXX	XXX
	免费美妆训练营	【8.5开课】训练营	本周新增	XXX	XXX	XXX
	其他	超级福利001群		XXX	XXX	XXX
		福利群	下周关闭	XXX	XXX	XXX
		优选咨询2群		XXX	XXX	XXX
总计		15		0		

在运营社群列表

图 5-31 社群的分类管理

在社群的运营管理中，对已关闭的社群的管理也是不可缺少的。举个例子，5个好朋友，有个"吃喝玩乐"群，活跃了一个月之后开始变得安静。这时候，这5个好朋友又开了一个新群，叫"撸串群"，同样的人，在新群中又开始活跃起来。当用户从老群进入新群中时，会出现一个新的活跃期。不断关闭旧群和非活跃群，能够进一步"盘活"私域流量池中的用户，优化私域流量池中的用户分层体系。图5-32展示了一个对已关闭社群的管理的示例。

在微信个人号的运营管理上，分类运营是售前营销与售后再营销的重要策略。对于售前客服微信个人号的具体运营，需要把活动用户、咨询课程的用户、参与免费体验的用户区分开，每一类用户需要用单独的微信个人号来运营。同时，针对有复购行为的老用户和完成首单的用户也需要进行售前运营，比如引导这些有成交行为的用户购买全新的产品的售前营销（参见图5-33）。

119

已关闭社群列表

社群	群分类	群名称	现状	管理员
社群	每周福利群	每周福利10群	已关闭	机器人
		每周福利11群		机器人
		每周福利12群		机器人
	分销活动群	【12月5日】微课堂17	已关闭	机器人
		【12月5日】微课堂19		机器人
		微课堂【11.28】3		机器人
		微课堂		机器人
	6月裂变活动群	领礼品群		XXX
	每周福利活动群	每周福利2群		XXX
		每周福利5群		XXX
		每周福利6群		XXX
	微信公众号福利群	三月福利第一弹——护肤季送福利6	添加到微信个人号后关闭	XXX
		三月福利第一弹——护肤季送福利7		XXX
		三月福利第一弹——护肤季送福利9		XXX
总计		37		

图 5-32 对已关闭社群的管理

在运营微信个人号列表

个人号	分类	功能	微信昵称	好友数	本周新增	新增用户来源	负责人
个人号	售前	复购老用户营销	XXX	4421	310	Live讲座+关闭福利群用户	XXX
		首单用户营销	XXX	4901	290	Live讲座+关闭福利群用户	XXX
		免费训练营	XXX	2443	510	服务号导流+咨询课程用户	XXX
		活动	XXX	2458	430	7天免费训练营+关闭福利群用户	XXX
		课程咨询	XXX	1956	110	关闭福利群用户	XXX
	售后	付费用户服务	XXX	4100	330	Live讲座+关闭福利群用户	XXX
		分销问题处理	XXX	2443	110	服务号导流+咨询课程用户	XXX
		产品售后客服	XXX	3455	91	7天免费训练营+关闭福利群用户	XXX
		一级分销	XXX	1956	110	关闭福利群用户	XXX
		VIP用户	XXX	2400	240	服务号活动赠送礼物	XXX
总计				30533	2531		

图 5-33 微信个人号运营管理

在售后客服微信个人号的具体运营中，除产品售后问题的处理外，需要有专门的微信个人号来服务 VIP 用户。如有分销业务，需要设立针对一级分销、总体问题分析处理的微信个人号。由于微信个人号运营的时间周期长，客服人员 24 小时在线并不现实。因此，在设立值班制度的基础上，可通过编制"微信个人号标准回复话术"，使用自动回复机器人作为微信个人号日常运营的补充。

在私域流量的运营中，需要团队能够熟练运用数字化运营工具。比如，优惠券、有赞系统、分销系统、微信个人号、社群等，本质上都是在运营工作中能够使用的工具。这些工具之间存在各种组合方式和使用顺序，组合不同，使用顺序不同，使用的场景不同，所获得的结果也会不同。而且，相关业务人员需要熟练运用数据分析工具，充分理解业务数据。在下一节中，会讲到数据分析工作的基本知识。

5.5 用数据说话

在非常长的一段时间里，公司的数据部门看起来很神秘。当大数据开始走进公众视野的时候，整个互联网似乎一夜之间都进入了数据时代，人人必说大数据，似乎离开了大数据，就不是互联网了。

5.5.1 认知与差异

笔者和数据分析团队协作了十几年，其间发现不同的数据分析师获取的数据维度有很大差异，即使面对相同的数据，不同的数据分析师最后得出的结论是有很大差异的。这是为什么呢？

每个人、团队、组织对数据的理解和处理有着非常大的差异。面对同一个问题，不同的人或者组织会选择不同的数据进行筛选、提炼。之所以有这样的结果，是由于人们对同一问题的认知逻辑存在差异造成的。比如面对某一天的交易额的突然提升：

- 运营人员会从做了哪些活动、类目做了哪些调整等方面着手，进行相关数据的提取，进行分析，找出原因。
- 产品经理会从做了哪些产品迭代、用户体验的改进、交易路径的优化等方面进行数据分析。
- 市场人员会从做了哪些市场投放、新的合作伙伴带来了哪些新资源、做了哪些新的市场活动等方面思考和分析。

所处的业务部门不同，考虑问题的角度不同，获取数据的逻辑与得到的最终数据就会千差万别。即使面对相同的数据，不同的人分析出来的结果也不尽相同。造成这一现象的原因是各人的认知存在差异。相同的一组数据，不同的分析人员会采用不同的权重进行排序，通过不同的排序方式进行分析，得出的结果就会不同。条条大路通罗马，怎么选择？需要我们站在市场的角度来进行判断。

5.5.2 数据分析目标

进行数据分析，首先得学会给自己设定目标，不妨从问自己几个问题开始。

第一，当下我们面临什么问题？

- 用户的访问量增加了吗？
- 来访用户是什么人？
- 新一轮用户推广效果如何？评估标准是什么？
- 用户是否要经过复杂的步骤才能得到想要的东西？
- 哪些内容占据了大部分用户的注意力？
- 哪些用户表现出了相似的消费行为？
- 哪些用户是我们的核心用户？为什么？
- 用户在我们的消费场景中进行了哪些消费行为？

- 我们的种子用户、首单用户、复购用户、超级用户都分布在哪里？
- ……

第二，思考我们能做什么，主要包含以下几个方面。

一、流量渠道分析。

1. 用户来源分析。搞清楚用户是从哪些渠道来的：短视频、直播、社群、朋友圈分享，还是其他？

2. 不同渠道来的用户，在行为特征上有哪些共性？有哪些不同？

3. 评估各渠道广告预算的投入产出比。

4. 评估各渠道的自然流量转化效果。

二、广告效果分析。

1. 哪些广告投放带来了最大的用户访问量？

2. 广告投放的收益比是多少？

3. 在某一时间段内，广告投放的收益是否"基本稳定"，指标何时开始出现明显的下降？

4. 相同的广告内容，在不同平台上的投放效果是否一致？造成效果不同的原因是什么？

5. 成本在什么区间波动？成本高低与用户的有效行为之间有着什么样的关联性？

……

三、用户数据分析。

- 用户访问路径分析：用户的访问路径是什么样的？他们怎样访问某一特定内容？吸引用户访问一个特定目标的措施的效果如何？
- 用户来源分析：最重要的用户来自哪些渠道？在来源上，用户有哪些特征？
- 用户属性分析：用户的性别、年龄、消费特征如何？用户有哪些消费行为习惯，收入分布如何？如何通过用户填写的信息对其进行归类？归类之后，可对同一类别中的用户提供相似的市场内容引导。
- 用户类型分布分析：导入的用户都分布在哪些地方？外部渠道对老用户有没有影响？若有，具体有哪些影响？根据用户行为的相似性，按消费行为模式对用户进行分类。

……

5.5.3 提取与处理

数据需要提炼、整理才能变成信息，而信息通过分析、总结才能变成知识。当数据成为知识后，就能够对用户变现增长进行赋能，帮助我们找对用户、发现需求、制定准确的用户变现增长策略。

数据提取是非常重要的环节，如果面对的数据非常多，需要知道哪些数据是真正能帮我们解决某个具体问题的，只有明确目标，才能有针对性地获得有价值的数据。事实上，大部分"菜鸟"在刚开始学运用数据的时候，只是停留在获得原始数据的阶段，甚至不知道如何进行有针对性的数据提取和筛选，往往从后台获取到什么数据，就用什么数据，没有形成对数据进行主动筛选的意识，更谈不上分析了。

越来越多的新技术已经将我们的注意力从"获取什么数据"转移到"我们怎样处理更多的数据"上了。用户行为数据包含新用户注册、成交、老用户复购、浏览、评论等一系列数据，分布在不同的地域、时间及平台上的不同频道、活动页面中。更重要的一点是，我们需要运用数据分析得出的结果，更进一步地精确分析当下用户需求正在发生的变化与变化趋势，制定更有效的用户变现增长策略。

5.5.4 实时数据与全时数据

数据始终在那，只有通过科学的提取、符合逻辑的整理分析，才能最终把数据变成知识，进而达到指导我们更好地认识事物的本质、解决问题的目的，否则数据始终只是数据。因此，要进一步认清用户行为数据，需要掌握两个知识点：用户的实时数据与全时数据。

实时数据：用户在平台上产生的所有实时行为，包括点击、注册、浏览、支付、停留等，这些数据组成了用户行为的实时数据。全时数据：随着用户行为的发生，记录用户的年龄、联系方式、地域、消费构成等属性数据，这些数据加上用户的历史行为数据，构成了用户的全时数据。

全时数据的收集是获取用户行为数据非常关键的环节，只有收集全时数据，我们才能知道用户的需求规律，并根据用户的需求规律制定有效的市场策略，对用户进行有效触达。通过收集全时数据，我们可以明确在什么地方、什么时间，面向什么用户、用怎样的市场策略去有效触达用户，吸引用户的注意力，让用户产生关联"人场货"的行为。

一家外卖平台，能够通过对用户全时数据的收集，掌握用户过去的消费习惯。例如，平台推荐系统能够知道在晚上 9 点，给什么人推荐"小龙虾+啤酒"宵夜。近来被广泛使用的信息流广告就是基于全时数据的，通过记录并分析用户过去的行为数据告诉平台，在什么时间点、给什么样的用户推荐什么产品是最优的促销方式。因此，实时数据+全时数据形成了用户的整体数据。是否知道用户是谁、用户在哪，取决于企业收集用户行为数据的覆盖面与数量级。

5.5.5 产品数据

了解了用户数据，我们进一步来了解产品数据。一个互联网产品，从诞生起就被涂抹上了其背后的平台（公司）运作的痕迹。产品的迭代、优化等行为也是产品数据。

一方面，运营会对用户行为产生影响，一般以产品作为桥梁来触达用户。每一次产品的发版、新功能发布、改版，都会对用户产生影响。虽然公司在力图不断优化产品，但对用户产生的影响并非都朝着对公司有利的方向发展。如果用户觉得产品的体验很糟糕，会离开；如果一个BUG没有得到及时修复，用户会抱怨。所有这些因为公司行为带来的产品或政策的改变，都会影响用户的行为。因此这些行为需要记录下来，成为产品数据的组成部分。

另一方面，我们在评估每一个用户变现增长策略的时候，都不能忽略那些因为产品调整、政策变化而带来的用户市场的变化。很可能用户变现增长策略没有变，但产品变化了，新的政策出现了，用户成交转化率就会发生变化。此时，就需要参考这些反馈数据及时调整策略。

5.5.6 定性分析与定量分析

面对用户行为数据和产品数据，我们该如何进行分析，进而做出有效的决策？这就需要用到数据分析中非常重要的定性和定量相结合的分析方法了（参见图5-34）。

用定量分析和定性分析相结合的研究方法来达成目标

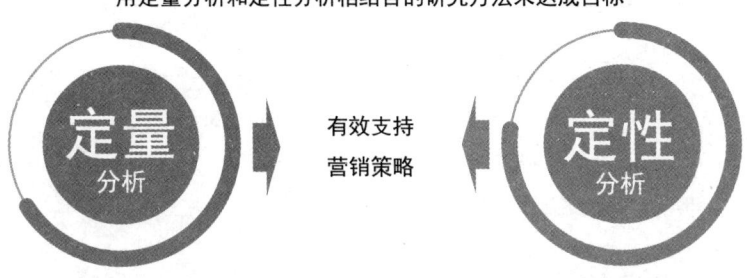

定量分析 → 有效支持营销策略 ← 定性分析

20XX年市场占有率
严密的事实：
定量分析可提供可靠和有可比性的数据

20XX年市场占有率
深度地理解：
消费者的想法和感情
定性分析方法提供足够的诊断和洞察

图 5-34　定性分析与定量分析

定性分析，可以了解用户行为背后的心理状态、动机、需求，发掘用户的深层心理活动。定性分析提供了对消费者充分的诊断和洞察，可以建立对消费者的想法和感情的深度理解。

- 为什么用户选择这个品牌，而不选择另一个品牌？
- 用户如何解读我们传播的内容？
- 是什么原因造成用户特定的行为模式？
- ……

定量分析，依据统计数据建立数学模型，并用数学模型计算出分析对象的各项指标数值，得到量化数据。

- 规模：用户群大小？市场份额大小？
- 谁：哪些用户会考虑使用我们的产品？
- ……

通过对市场数据的定性分析和定量分析，我们可以获知以下三方面信息，将它们结合在一起构筑研究用户市场的分析模式，深入了解用户市场。

一、认识用户，定义用户，获取用户的特征信息。

- 我们的用户是谁？这些用户的地域、行业、性别是什么情况？我们可以通过什么方式接触用户？

二、分析用户行为，了解用户与企业之间的交互过程。

- 用户和我们的产品发生了哪些互动？点击、注册、浏览？付费、二次付费？评论、分享、推荐？

三、理解用户行为，理解用户行为背后的需求、原因、动机等信息。

- 用户为什么这么做？
- 什么原因激发了用户的情感共鸣？

掌握定性分析与定量分析，对我们认清事物的本质有非常重要的意义。一切皆可量化，表面上看似不存在的数据，其实也是有迹可循的。当我们学会了量化，就能够实现一个个从无到有的过程。这也是我们在新时代里实现用户变现增长"弯道超车"的一个难得的快捷方式。

第 3 部分

进击的品牌

品牌不再是一个遥不可及的冰冷的符号,它已经悄然融入我们的衣食住行等各个方面。

第 6 章　行为造就品牌习惯

是什么让品牌能够对我们的行为产生影响？本章将从"上瘾机制""情绪影响力""注意力"这三个视角解读用户行为驱动逻辑，以及品牌如何利用这些逻辑影响用户，并最终建立起用户对产品的使用习惯。

6.1　品牌正在让你上瘾

有一个奶糖品牌叫"大白兔"，这是很多人的儿时甜蜜回忆。你有没有发现这么一个现象，小时候喜欢吃"大白兔"奶糖的人，长大后依然喜欢吃甜食，在日常生活中也会出现经常购买零食的现象。还有一个"神级"品牌就是可口可乐，从超市到餐桌，从城市到乡村，随处可见它的身影，有的人喝起来一罐接一罐。到底是什么致使人们对甜甜、咸咸的零食或饮料欲罢不能？是人们自控力不够，还是商家施展了什么魔法，让人不断购买零食？

6.1.1 上瘾机制

这事儿还真不能怪我们意志不够坚定，根据相关科学研究表明，盐、糖和脂肪是三种神奇的成分，它们能让人"欲罢不能"。这三种成分能刺激人类的味觉并让人上瘾，这对人们选择食物有着根本性的影响。有一本专门研究成瘾机制的书——《上瘾五百年：烟、酒、咖啡和鸦片的历史》，里面提到：，上瘾是通过化学分子刺激，让人的身体产生更多诱发快感的神经传导素，会让人有幸福感和解脱感；食品同样能激发大脑皮层的兴奋，让人上瘾。因此，对于喜欢吃甜食的人来说，戒掉甜食并非易事。

可口可乐、大白兔这样的品牌商，牢牢抓住了用户对食物中糖分的生理需求，通过上瘾这把钥匙，启动用户不断购买其产品的"发动机"，赚得盆满钵满。为了让商品销量更大，可口可乐公司投入了大量的资金和精力进行研究，发现人类大脑虽然喜欢甜，但也容易对强烈、浓郁的味道感到疲劳，进而抑制对这种味道的渴望。如果饮料的甜度超过某个极限，人会感觉很腻，就会影响此饮料的销量。这个口感的最佳平衡点就是糖分的"极乐点"，按照这个比例调配好的饮料，不仅能让人感受到愉悦的甜味，喝完后还不会觉得腻，让人更加想喝。可口可乐公司正是通过对这个"极乐点"的把控，在用户体验和销量之间找到了最佳平衡点，让越来越多的人对可口可乐上瘾，把可口可乐销遍全球。

衣食住行等基本生理需要，是人发生行为的原始动力。品牌商利用上瘾机制，让用户体验变得愉悦，如同加大汽车发动机的马力一样，增强了用户消费的动力，让用户持续不断地产生购买与使用行为，最终建立品牌忠诚度，为企业带来销量的增长。

《盐糖脂：食品巨头是如何操纵我们的》一书的作者——迈克尔·莫斯花了三年多的时间，走访了卡夫、金宝、雀巢、可口可乐等知名公司，采访了化学家、营养学家、行为学家、营销人员、律师等专业人士，从食品行业的角度揭示了一些"秘密"。食品行业的研究者发现味道能刺激消费者购买食品，为了吸引更多的消费者，有的食品制造商在产品中加入了超过健康标准的糖分、盐分和脂肪。人类对甜味非常敏感，有研究表明人的大脑对糖的反应和对可卡因的反应几乎一样，甜食代表着能量，能带给人兴奋和愉悦的感觉。食品制造商往食物中添加更多的糖分，正是抓住了人类几百万年进化中出现的嗜甜特性。糖不仅能直接吸引消费者，还能让他们吃得更多，帮助商家卖出更多商品。

除了食品行业，各行各业都在利用人的上瘾机制放大用户的需求，并在产品与用户需求之间建立强关联，进而培养用户使用产品的习惯，打造自己品牌的爆款。拿苹果公司举例，发售新产品时，有的"果粉"甚至会为了尽早拿到新的 iPhone，提前一晚在官方零售店门口打地铺排队，还有人愿意多加钱从其他渠道购买。不过是一个手机，为什么要额外付出这么多时间、多花这么多钱？这恰恰是因为苹果公司追求极致的产品体验，培养了粉丝们一种近乎宗教信仰的情感，就是对产品上瘾了。

6.1.2 品牌习惯

对于品牌方而言，利用上瘾机制培养用户使用产品的习惯，会给增长带来四个好处。

第一个好处：提升品牌的长期价值。品牌价值相当于企业日后能获得的综合利益。提升品牌价值不能目光短浅，要看未来的长期发展情况。用户对产品产生依赖，使用时间就会延长，使用频率与复购频率也会增加。因此，让用户对产品形成长期依赖是提升品牌长期价值的有效方法之一。

第二个好处：让用户养成习惯，能够提高产品定价的灵活性。用户对一个产品的依赖性增强后，对价格的敏感度就会降低，即便做小幅度的涨价，用户也不会改变使用习惯。这就是品牌方追求的盈利效果。确定产品价格的灵活性提高了，不仅可以在"双 11"活动期间进行有力度的促销，还可以在不影响用户体验的前提下，根据原材料成本、生产成本、渠道成本的变化，对价格做适度调整，增强品牌的盈利能力。

第三个好处：用户通过高频的微信朋友圈、社群分享行为，把产品推荐给身边的朋友，这直接扩大了品牌的用户群。用户越是频繁地使用产品，就越有可能邀请朋友也来用。产品的忠实粉丝最终会成为品牌的推广者，他们会为你的品牌做免费的宣传，让你不用花太多成本就能拉到新的用户。小米的用户体系是从最初的100个"发烧友"作为种子用户开始建立的，先渗透专业"发烧友"用户，再不断扩散、迭代，然后持续扩散，形成裂变增长，进而推动小米品牌的忠实用户规模不断增长。

第四个好处：用户对产品的使用习惯会变成企业的一种竞争优势，能够提高品牌竞争力。一旦用户开始频繁地使用某项服务或者某个产品，就很可能会把使用这项服务或者这个产品变成自己固定的行为习惯。人的大脑往往会优先选择已有的行为模式，并厌恶改变。就好像很多人有固定喜欢的饮料品牌，有些人喜欢可口可乐，有些人喜欢百事可乐。《情感驱动：人们愿意为情感支付额外的费用》[1]中提到，大约80%的人在18岁之前就选定了自己钟情的软饮料品牌，这种倾向也会出现在其他品类上，在这80%的人中，通常只有20%会在日后喜欢上其他品牌，而且这20%中有一半左右很大概率回心转意，重新喜欢上"初恋"品牌。有人说，"出名要趁早"，这在品牌对用户的产品使用习惯的培养上表现得淋漓尽致。基于这个原理，企业往往把培养用户的产品使用习惯作为品牌价值的"护城河"。

既然有这么多好处，那么到底如何让用户上瘾，进而养成产品使用习惯呢？具体需要四个步骤，下面分别讲解。

6.1.3 刚需产品

用满足用户刚需的产品激发用户购买、使用产品的欲望，这是让用户迈向上瘾的第一步。

---

[1] 作者是哈维尔·桑切斯·拉米拉斯，可口可乐前全球营销副总裁。

人性有一个特点，能够不断地接受新的替代品，随着时间的推移，满足用户刚需的替代产品和方法会越来越多，这就造成了在同一个用户刚需市场中，存在多样性的用户需求，并持续涌现出满足多样性需求的多种产品。因此在设计产品的时候，需要让产品具备以下三个特征之一（参见图6-1）。

- 能够给用户提供过去没有的解决方案，满足过去一直没能满足的需求。
- 能够极大地降低用户在满足某需求方面的成本。
- 能够极大地提高用户在满足某需求方面的效率。

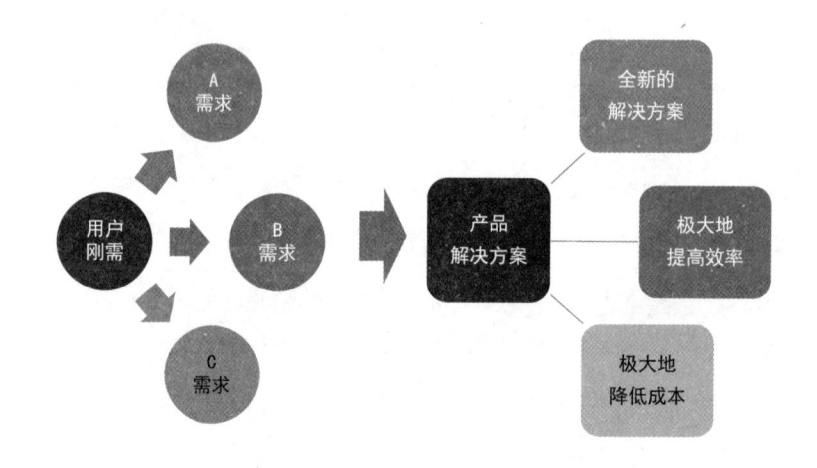

图6-1 满足刚需的产品解决方案

拼多多为什么能够迅速崛起，就是因为当大部分人都把给用户提供更廉价、性价比更高的产品当作消费降级、当作"伪刚需"时，它却换了一个角度看农村的刚需市场，把这个看作对"小镇青年"的消费升级。按拼多多创始人黄峥的话说：消费升级不是让上海人去过巴黎人的生活，而是让安徽安庆的人有厨房纸用、有好水果吃。对于此，很多人的思维误区就像"老外"把上海的繁华当成整个中国所有城市的样子，或者看到偏远山区的贫困落后就以为整个中国都如此一样。拼多多给"小镇青年"们一个实现消费升级的全新解决方案，让他们能用更低的成本更高效率地提升了生活品质。

6.1.4　产品路径

让用户上瘾的第二步：通过产品路径的设计，在用户购物场景中达到以下三个目的：

目的 1：让用户想要的产品第一时间出现在他面前。

目的 2：让用户能够用最短的路径、最便捷的方式买到产品。

目的 3：给用户好的购买体验，吸引用户复购。

总而言之——想尽一切办法让用户能够在最短的时间里，通过最快的路径，用最便捷的方式看到、买到产品。我们不仅要让用户在使用产品的过程中产生满足感，还要让用户在看到产品、购买产品、拿到产品这一过程中产生满足感。用户的满足感越强，就会越快地对品牌产品产生依赖，形成"品牌习惯"。

6.1.5　用户激励体系

让用户上瘾的第三步：设计用户激励体系，不断给用户提供"奖赏"，让用户产生满足情绪，留住他们，让他们对品牌与产品产生依赖感。

建立用户激励机制是非常重要的，当人的需求得到满足后，就会感到愉悦，反之则会感到沮丧、情绪低落。在设计用户激励机制的时候，可以设计一系列激励积分，并通过积分或者奖品的正反馈给用户成就感。整个激励体系，要向用户表达清晰明确的动作指令，让他们清楚：完成指定动作，就能得到相应的激励。在线上教育领域，经常会看到通过"打卡""签到"赚取课程费用的激励机制，这种方式刺激了用户不断登录课程平台，提高了用户活跃度。另一个方式是激励用户将平台的推广信息分享到微信朋友圈、转发到社群，用户通过完成这类动作可以获得免费课程，甚至销售课程的佣金。这些方式能够把产品的信息传递给更多的新用户，并带来新用户的转化。

当激励手段与激励对象的能力不匹配的时候，就是无效激励。因此，在设计用户激励体系的时候，对于用户动作的设计，一定要降低门槛，做到简单可行，要尽可能让更多的用户都感觉有能力获得回报。整个过程，就像在设计一个"打怪升级"的游戏，让用户完成动作之前感到略有压力，再通过低门槛的设计，给用户完成后的成就感，与确定性的收获、激励的满足感结合在一起，会让用户成瘾，欲罢不能。

6.1.6 高频产品

让用户上瘾的第四步：引导用户提高使用产品的频次。

用户对某件产品或某项服务投入的时间和精力越多，对这个产品或服务就会越来越重视。这是因为人们总是"高看"自己的劳动成果，付出了一分，经常会有付出三分的感受，这也会给用户参与感，增进产品和用户之间的感情。人们会尽力和过去的行为保持一致，避免出现认知的不同，这样的心理会让人在不知不觉中产生惯性。小米正是运用了这个策略，让用户由购买一件产品，发展到购买更多产品。小米的米家App能够将用户家中的冰箱、饮水机、风扇、灯、空气净化器等智能家电连接起来，为用户提供能够满足多种家庭场景需求的解决方案，比如"家里有人就自动打开空气净化器""天气干燥时自动打开加湿器"等智能设定（参见图6-2）。通过这种方式，提高了用户使用米家App的频次。

第 6 章　行为造就品牌习惯

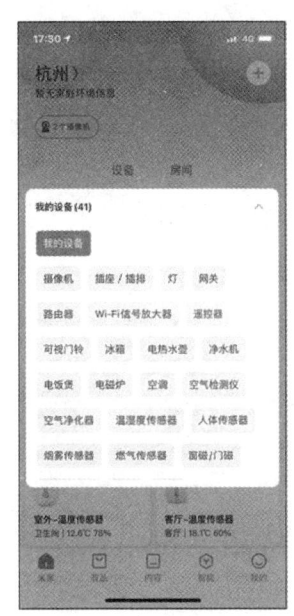

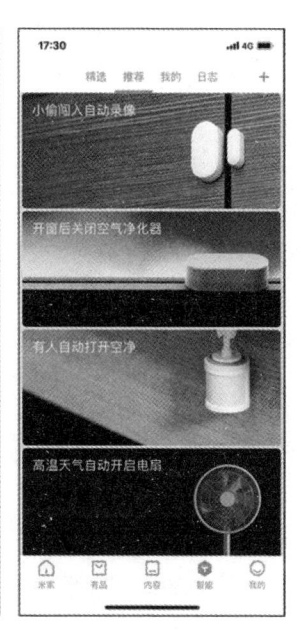

图 6-2　米家 App 智能家庭应用场景

小米的用户感受到智能终端带来的生活便利后，会不断加大在小米产品上的投入，从空气净化器到净水器，从电饭锅到冰箱，等等。随着产品越来越多样化，用户能够体验的家庭智能功能也越来越多，这个过程有点像在游戏中"打怪"、通关的感觉，让用户上瘾——不断地添置小米智能产品，进一步满足自己的需求。在米家 App 的用户场景中，小米还"狡猾"地把小米有品 App 的入口放进去（参见图 6-3）。这一举动，直接带来小米用户复购率的增长。随着产品的不断增多，小米用户的产品使用习惯会不断得到巩固与加强，从而带来更高的用户复购率。

对用户来说，品牌不再是一个遥不可及、冰冷的符号，它已经悄然融入人们的衣、食、住、行等各个方面。对于品牌商而言，让用户上瘾，能够养成使用习惯并复购产品。用户一旦养成使用该品牌产品的习惯，会在非常长的时间内持续使用这一品牌的产品。市场上时常会冒出爆款，但大部分无法持续走红，一两个月甚至一两周后就销声匿迹了。只有那些能够让用户上瘾、建立起使用习惯的产品，才具有持久的生命力，最终收获用户对该品牌的忠实。

137

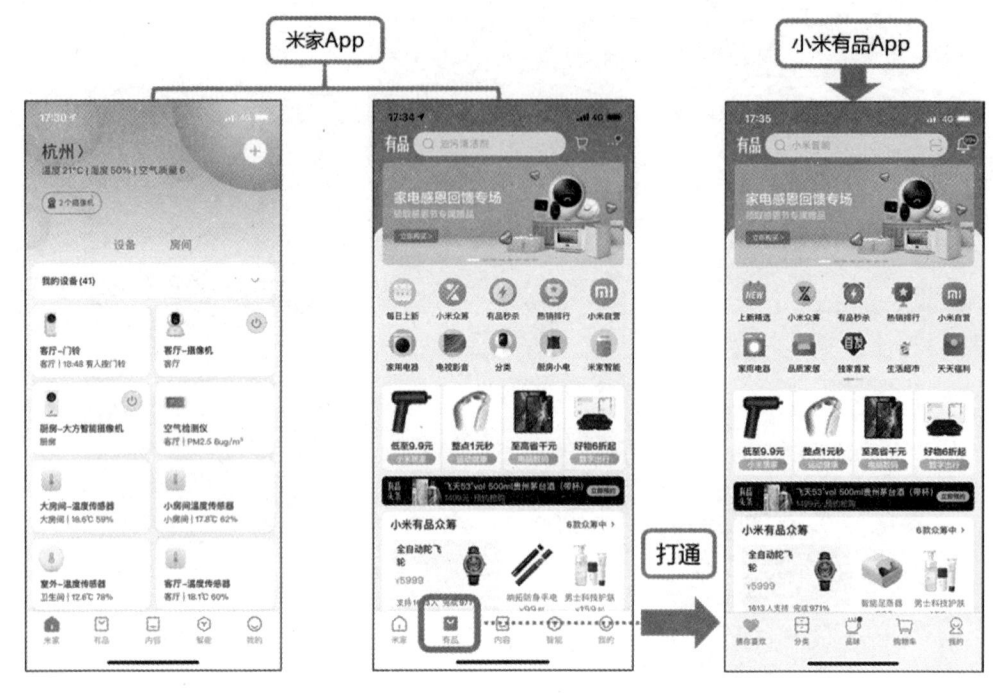

图 6-3 米家 App 与小米有品 App 的消费场景打通

6.2 会传染的情绪影响力

现代心理学研究证明，情绪对人的消费行为有非常大的影响。以大家熟悉的淘宝直播为例，在直播中出现商品被抢光的现象，正是情绪影响带来的结果。看过李佳琦、薇娅等直播的人都能感受到，主播全程亢奋的状态很容易调动用户们的情绪。当李佳琦、薇娅说出"XX 市场价 89 元，今天我们的销售价格是一个 59 元，买一送一，买一个送同样的 XX，领券再减 10 元！来，我们倒计时，5，4，3，2，1……"的时候，很多用户会感觉肾上腺素飙升，情绪被推到高潮，抢购欲瞬间被激活，商品被"秒光"也就不足为奇。如果把人的生理需求比作发动机，情绪就是启动发动机的钥匙。没有积极的情绪这把钥匙，再好的发动机也启动不了。李佳琦等超级带货 IP，正是通过这种传递积极情绪的方式，达到增加用户需求、激发用户抢购热情的目的。

6.2.1 情绪的传染

现代社会学研究表明，情绪不仅会影响个体的行为决策，也会相互传染，让周围的人产生相同的情绪，并产生相同的行为。这是一种人际情绪影响力，可以通过人的行为或者观念的传导发生作用。比如，你的闺蜜特别爱吃冰淇淋，你们经常一起逛街，你也会时不时地和她一起吃冰淇淋，这是行为的传导。再比如，当你的闺蜜因为爱吃冰淇淋而发胖后，会影响你对可接受身材的评价标准。原来你觉得体重 100 斤就算胖了，但闺蜜 120 斤了，仍然是那么可爱。原来 120 斤的体重也是可以接受的。此时你对胖瘦的评判标准会发生改变，因此对控制自己体重的要求也就没那么高了，这就是观念的传导。另一种会传染的人际情绪影响力，就是恐慌。2007 年金融危机来临，美国不少银行门口都排起了长龙，发生了挤兑行为。后来的研究发现，挤兑行为是否发生，与存在银行里的钱有多少、账户的开户时间长短、储户是否了解真实信息等关系不大，导致人们恐慌的最重要的原因，就是周围人的情绪影响力。

人与人之间的影响力之所以存在，是因为人具有模仿的倾向，这种倾向很大程度上是无意识的、不受理性控制的。人与人之间的关系越强，相互的影响力越大。比如，当看到大家都在用苹果手机时，你可能会觉得苹果手机很酷，也想买；有一天你发现周围的朋友都去健身房了，也觉得自己该去健身了。人的喜、怒、哀、乐等情绪如同一个神奇的开关，能激活人的情绪影响力，开启人们交流、分享、传播的行为。

由此可见，想让品牌传播到更远的地方，要能够唤起用户内心深处的喜怒哀乐，打开用户自己都不知道的情绪开关，俘获用户的心。在这个过程中，用户会主动开启自身的传播网络，通过微信、社群、微博等方式把自己对品牌的信任传播到远方。品牌激活用户情绪影响力的能量越足，用户开启的传播网络越广阔。在现实世界中，各种各样的社会情绪都可能被激活为"用户的影响力",优秀的品牌能把情绪影响力变成传播产品的能量源,让更多用户知晓品牌,养成产品使用习惯,奠定打造品牌爆款的基础。

6.2.2 用户传播网

有一家位于福建沙县步行街的线下母婴门店,充分利用人的情绪影响力的传播能量,做到了年营业额近千万元,它就是母婴社群品牌"婴乐会"。2015 年,微信作为一种社交工具,并没有完善的交易场景。当时,罗小凤的母婴门店中有一款价格为 100 多元的去除红疹的面霜,销量一直不佳。有一天罗小凤的女儿脸上出现了红疹,在用了这款面霜之后,红疹渐渐地消失了,她在微信朋友圈分享了这一喜悦的情绪。接下来发生的事让罗小凤发现了在微信上做生意的秘密,这也成为"婴乐会"发展的转折点。在她分享了这种喜悦的情绪后,有很多人来问这款面霜的情况,并最终带来了 30 瓶的销量。

这件事引起了罗小凤的反思:同样一家店,同样一批用户,为什么用户不愿意在门店里买这个产品,而在她通过微信朋友圈分享使用经历后就愿意花这个钱了呢?她发现在微商"泛滥成灾"的微信朋友圈中,众多商家都是以赚钱为目的地传递信息、进行交流,这导致用户的防备心理特别重。但当她在微信朋友圈以分享者的心态传递喜悦的情绪时,用户很容易被吸引过来,在交流的过程中对产品产生了信任感,最终实现了成交。

因此,品牌传递给用户的内容,一定要让他们感觉到真实与真诚。只有用户先认可了品牌,才有可能认可品牌背后的产品,然后快速地发生购买转化。这种真实、有温度、有价值的内容,更能够赢得用户的信任,激发用户的情绪影响力,进而把这些真实、有温度、有价值的内容通过自己的微信朋友圈、社群,向四面八方传递出去(参见图 6-4)。

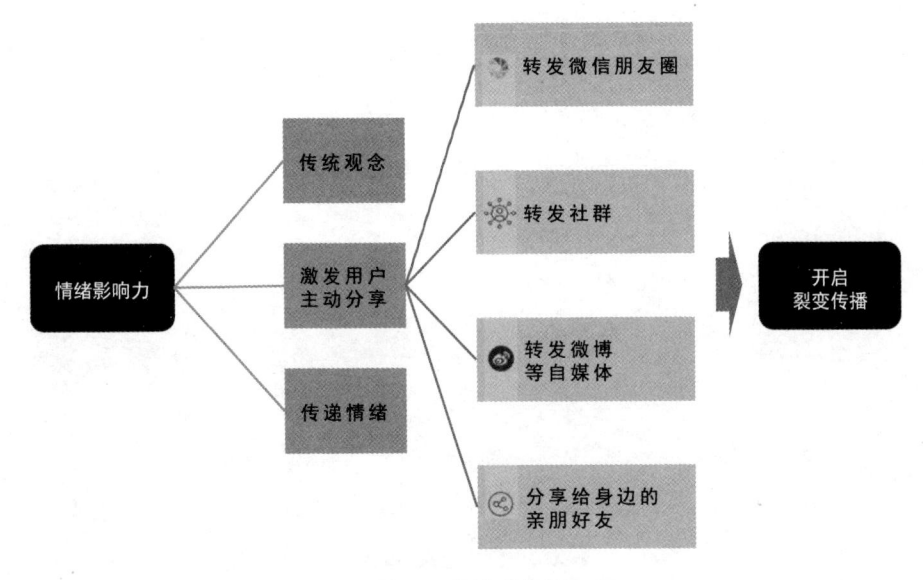

图 6-4 用户传播网

6.2.3 三度影响力

虽然情绪影响力的作用很大，但也有很多品牌在成功激活了用户的情绪影响力之后，并没有达到品牌裂变传播的效果，原因通常是设计的传播路径太长，导致信息传递效果减弱。

人的情绪影响力能传播多远呢？答案是"三度"，简称三度影响力。为什么我们向外传递信息时可以达到六度甚至更远，而影响力却只能达到三度呢？笔者认为有以下三个原因。

第一，弱关系传递信息。我们与亲朋好友之外的人的社交是一种弱关系，只能传递信息。一个人要想在日常交往中对其他人的情绪、行为、观念等产生影响，只能通过强关系。

第二，影响力具有衰减性。我们对他人的影响就像石头激起波纹，是依次递减的。以一个传话事件为例（参见图6-5），李大嘴切菜时切到了手指，第一个人传话说"李

141

大嘴手指断了，鲜血哗哗地流"，传到第二个人变成"李大嘴左手断了，血流如注"，传到最后一个人时就变成了"大嘴死了"！在人传人的过程中，信息传播衰减得如此厉害，那么承载行为、观念等的信息的传播也会发生同样的衰减。

李大嘴切菜时切到了手指……

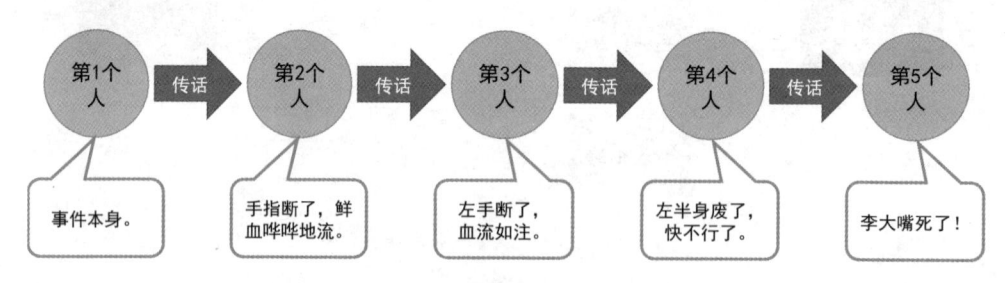

```
第1个人 —传话→ 第2个人 —传话→ 第3个人 —传话→ 第4个人 —传话→ 第5个人
事件本身。    手指断了，    左手断了，    左半身废了，   李大嘴死了！
              鲜血哗哗地流。 血流如注。    快不行了。
```

图 6-5　信息传播的衰减

第三，人与人之间的连接并非一成不变，会随时改变甚至断开。比如你换了居住地，或者换了工作，都有可能改变你和周围人的连接。你会认识一些新朋友，和一些老朋友的连接频次降低，甚至渐渐不再联系。这些都是在我们的生活里经常出现的现象。在这样一个持续变化的社会网络中，要达到三度以上的影响力非常困难。

鉴于情绪影响力具有三度传播衰减的特性，要打造具有用户情绪影响力的"网红"内容（以抖音、快手的内容为例），笔者总结了四个要点，下面分别介绍。

6.2.4　蹭热点与打造热点

打造具有用户情绪影响力的内容的第一个要点：借助公众话题、热点作为内容载体，激发用户的情绪共鸣，开启用户的情绪影响力。这种方式就是借势热点话题或社会的共同情绪，减少信息传递中的衰减，让不同的用户群体产生相同的情绪共鸣，带来高分享，实现高转化。此方式不仅在品牌传播、公关传播中常常使用，还在短视频、直播电商等领域的内容制作、"人设"打造、产品传播上广泛运用。

比如《啥是佩奇》微电影。一只粉红色的小猪在 2019 年开年，就"戳爆"了大众的心。电影讲述了家住山区的爷爷想给孙子喜欢的小猪佩奇，但常年与大城市隔绝的爷爷不懂佩奇是个什么东西，想尽一切办法揭开"佩奇之谜"，中间产生了一系列令人捧腹的事件，最后爷爷亲手制作了一个"爷爷牌"的佩奇。《啥是佩奇》为什么能火？这背后固然有反映了城乡之间的差距、折射了国人社会焦虑情绪的原因，但更重要的是，它踩中了一个特殊的时间节点——春节，激发了不少人的思乡情绪。"鼓风机佩奇"不会感动小孩，但是会让一些长期不回家乡的成年人感到愧疚。看完《啥是佩奇》的人往往都需要一点时间来缓缓，因为想起了自己在家乡的老人。这部微电影不动声色地触发了受众的情绪共鸣。在这种情绪影响力下，影片一经发布就在社交网络走红，创造了极高的播放量与转发量，成为一个爆款案例（参见图 6-6）。

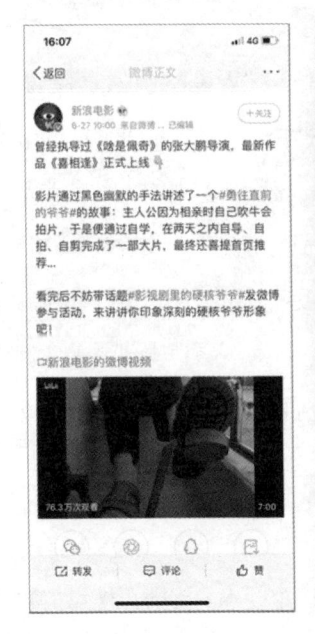

图 6-6　《啥是佩奇》走红

6.2.5 品牌"人设"+剧情

打造具有用户情绪影响力的内容的第二个要点：定位清晰的"品牌'人设'+剧情"的内容形式更受用户欢迎。例如"叶公子"定位于"美妆+剧情"，"柯铭"定位于"萌宠+剧情"，这类账号往往能在短短几分钟的视频里，讲清楚要表达的意思，同时不露痕迹地植入产品宣传，"拿下"观众的心。

"叶公子"在抖音上的粉丝数将近3000万，她的视频内容强调反转，一般会通过场景和故事植入商品广告。比如，在一段视频中，她看到朋友水杯上的口红印后，马上拿出了自己的"不粘杯"口红。这种水杯上留下口红印的情况，是一种在生活中会高频出现的具有共性的用户场景，通过这种剧情代入，"叶公子"很好地激发了粉丝的情绪共鸣、传播了情绪影响力，从而带来"不粘杯"口红产品的高传播与高转化。

这类内容形式都有清晰的细分市场定位与"人设"定位，两者缺一不可。一方面，定位于某些行业下面的细分领域，粉丝属性更为精准，带来的商业价值更高。比如聚焦于汽车领域的抖音账号"懂车侦探"，其商品橱窗中的大部分商品都与汽车有关。但由于他在视频中加入了用车安全、女性安全等剧情，女性粉丝占比达到了49%，因此获得了不少美妆、护肤类的广告投放。另一方面，"人设"和视频创作风格相对固定，对于短视频账号来说粉丝黏性更高，粉丝对观看达人创作的视频有一种习惯性和期待感。这两个方面确保了短视频账号的流量数据能够处于稳步上升的状态。

6.2.6 正能量内容

打造具有用户情绪影响力的内容的第三个要点：传播正能量的短视频更容易激发用户情绪影响力，会优先被分享、传播。

几十年前就有人研究过这样的课题：人们更喜欢分享具有正能量的内容。这个结论放在今天仍然有参考价值。1966年，《哈佛商业评论》(*Harvard Business Review*)

发表了一份报告，研究者 Earnest Dichter 发现 64%的分享内容和分享者自己有关。这份报告分析了人们谈起某个产品的动机：

- **33%**基于产品本身。分享者认为某个产品体验很好、很独特，迫不及待地想把好东西分享给别人。
- **24%**基于自我需求。分享者需要通过"炫耀"来吸引他人的注意力，展示自己是少数购买者中的一员或者享有某项特权。
- **20%**基于他人的需要。分享者想帮助他人，或者表现出对朋友的关心。
- **20%**基于信息共享的需求。分享者觉得某个信息十分有趣、有才，特别值得分享给他人。

人人都有一颗传播正能量的心，在抗击新冠肺炎疫情的过程中，医护人员不畏风险、战斗在抗疫一线的短视频，在抖音、快手、微信朋友圈中，被全国人民广泛传播。这种对正能量内容的自发传播，贯穿在整个抗疫过程中。人间有真爱，这正是社会情绪影响力被激发的真实写照。

6.2.7 "标题党"

打造具有用户情绪影响力的内容的第四个要点：设计有吸引力的标题。

标题对于一篇文章是相当重要的。考试时忘了写作文题目，不仅会被扣分，还会严重拉低阅卷老师的印象分。第一印象不好，即使后面妙笔生花，老师也会觉得这个学生态度不端正。对一个短视频、直播话题而言，标题同样非常重要。

在标题中使用情绪影响力大、给人强烈印象的词有助于增加点击量。用在标题里的词可以简单分成：常用词、非常用词、情绪词和力量词。写标题时，要擅长使用后两种词。例如，"不做某某事，你一定会后悔"这样的题目会让人的情绪受到影响，不论是好奇，还是愤慨，读者最终的行动很可能是"来，让我看看这是什么事"。所以，标题越能激起读者的强烈情绪，就越容易被读者点开看里面到底讲的是什么。

6.2.8 好内容激发情绪影响力

怎样才是能激发用户情绪影响力的好内容呢？简单来说就是：言之有物，比如帮助大家解决了一个问题，提供了某种信息，展示了一个有见地的看法，等等。这样的内容能够满足许多人的需求，或者获得大家的认同。这种需求和认同既有具体的、物质的，也有抽象的、精神的。比如，在抖音和快手上，教人如何拍短视频、做直播卖货、学习专业技能的短视频受很多用户的欢迎，这种内容面向的就是具体的用户需求。而两性情感类、家庭亲情类的短视频同样大行其道，这类内容面向的就是抽象的、精神的用户需求。因此，满足用户需求的好内容才能激发用户情绪影响力（参见图6-7），带来品牌的裂变传播。

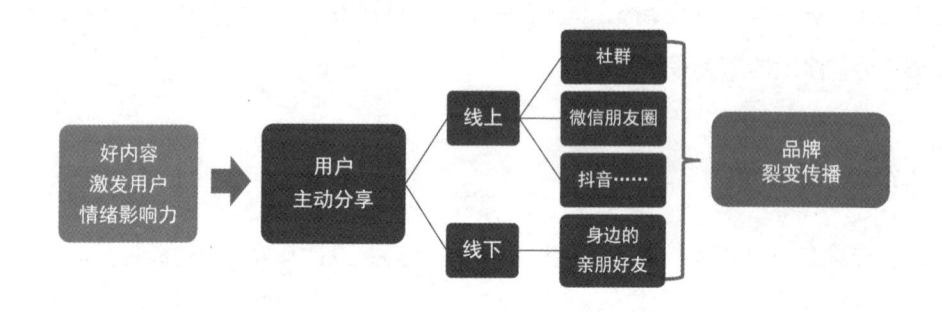

图 6-7 品牌的裂变传播

在短视频、直播大行其道的时代，抖音账号"涨粉"并不等于变现，即便是粉丝量达到千万级的大号也可能面临着接不到广告、卖不出货的困境。品牌需要以有温度、有情感、满足用户需求的内容为载体，向用户传递积极情绪，激发用户的情绪影响力，开启品牌的裂变传播网，给品牌带来用户量与销量的双增长。

打造具有情绪影响力的内容的要点有四个：

第一，借势热点话题。

第二，定位清晰的"品牌'人设'+剧情"的内容形式。

第三，打造具有正能量的内容，满足人们传播正能量的需求。

第四，有吸引力的标题。

6.3 稀缺的用户注意力

社会心理学研究证明，注意力是人能够自主控制的重要资源，是人的大脑与外部世界连接的重要通道。注意力能够让人产生有效的行为，得到有效的行动结果。好比我们开车去某个地方，不管发动机有多好，速度有多快，如果没有走正确的道路，我们是无法到达目的地的。可以说注意力能够塑造人脑中的世界，反过来也会塑造人的行为。能否吸引用户的注意力不仅关系到品牌忠诚度的建立，也关系到用户是否会持续地购买产品。

6.3.1 注意力=时间

用户的注意力在产品上停留时间越长，越有可能产生消费。很多人都看过带货明星李佳琦的直播，他为了抓住用户的注意力，每次在直播前都会准备多种趣味演绎形式来展示产品的核心卖点。有一次，为了说明某款行李箱的结实程度，他在直播间踩到箱子上蹦起来，画面变得很有趣味性。这种形式不仅足够透彻地把核心卖点阐述清楚了，还抓住了用户的注意力，让他们留下来继续观看直播。

事实上，品牌抓住用户注意力的过程，本质上就是占领用户时间的过程。举个例子，当你"刷"抖音的时候，会不会觉得时间过得飞快？那是因为当你看抖音短视频的时候注意力特别集中，不知不觉中大量的时间就被抖音所占领。可见，谁能吸引用户的注意力，谁就能让用户的目光在自己的品牌上多停留一些时间。只有让用户在品牌上投入足够多的时间，才能够建立用户对品牌的信任感与忠诚度，才有机会打造出品牌爆款。

然而，吸引用户注意力的成本变得越来越高，难度越来越大。一方面，头部IP正牢牢抓住用户的注意力，打造出一个又一个品牌爆款；另一方面，市场竞争越来越激烈，各种"网红"品牌爆款频繁推出，用户的注意力被切割得越来越碎片化。

6.3.2 信息过滤机制

如何吸引用户的注意力？科研工作者认为，人脑有许多彼此分离的神经通道，会对外界的各种刺激进行筛选。人脑的信息加工容量是有限的，信息筛选机制会将"无关紧要"的信息过滤掉或堵塞住，以免大脑负担过重。人们每天面临着各种各样的刺激，有的来自外部环境，有的来自机体内部，但在某一特定时刻，人并不能感受到所有作用于其感官的对象，所感受到的只是引起他注意的少数对象。注意力在人获取外部信息的过程中发挥着过滤器的作用，其核心特征是选择一部分信息进行加工，自动忽略其他信息，就像宴会中我们会有选择地倾听某个人的讲话而忽略其他谈话声。我们可以把注意力理解为人脑信息加工系统中的一个过滤器，来自外界的大量信息中只有一部分能通过这个过滤器。

在信息爆炸时代，用户缺少的不是信息，缺少的是基于自身需求设计的信息过滤器。用户的注意力被很多自己不需要的信息占用了。因此，品牌要吸引用户的注意力，"占领"用户的时间，就必须做到一点：利用注意力对信息进行过滤的机制，让用户把注意力投射到品牌想传递的信息上。

例如，宜家（IKEA）把两件事做到了近乎极致，给用户带来了沉浸式体验，吸引每一个走进宜家商场的用户的注意力，而且是几乎全部注意力，来获得用户对宜家品牌的喜爱，成功给宜家带来巨大的商业回报。

6.3.3 注意力减负

宜家做的第一件事——给用户的注意力减负，让用户把心思从原本关心的事情上挪开。首先，宜家在商场附近的公路上设置路标以及巨大的广告牌，让用户可以毫不费力地找到通往商场的路。其次，宜家的停车场非常大，停车非常方便。不要小看这个措施，很多商场就是因为停车麻烦而导致很多用户不得不取消了行程。宜家还提供了专门的儿童托管场所，并配有游乐设施和看护人员，帮许多家长解决了一个耗费注意力的问题——带娃逛街。这样，耗费用户注意力的琐事就基本被清空了。

宜家做的第二件事——通过场景设计与产品填补用户已经被"腾空"的那部分注意力。宜家不是一上来就给你展示某一件产品，而是把一个完整的生活空间展现出来。进入宜家商场后经过的第一个区域不是货架，而是和真实住所一样的样板间，从大件的衣柜、沙发、橱柜，到家具上摆放的花瓶、钟表，甚至墙上的装饰物，一应俱全。此外，宜家还会针对不同用户的生活环境对细节进行设计。比如在印度孟买，人们出门前有照镜子的习惯，宜家就把穿衣镜摆在门厅样板间显眼的位置；而在西安，宜家把玩偶设计成兵马俑的样式。这些既丰富又亲切的设计，一下就把用户的注意力"填满"了。宜家商场都不设窗户，用户可以暂时排除外面的一切干扰。商场里的工作人员也不会主动向你推销产品，毕竟，这是在打断沉浸式体验，削减用户对产品和环境的注意力。就这样，宜家通过为用户营造沉浸式体验，来"占领"用户的注意力，获得用户体验的高度满意，并由此带来产品的销量增长。

由此可见，在用户注意力的争夺战中，用户在某品牌上投射的时间长短决定该品牌的变现潜力。品牌和用户之间的主被动关系已经发生变化：看似是用户"购买"品牌产品，实际是品牌产品在使尽浑身解数吸引用户的注意力。如图6-9所示，品牌针对用户的信息过滤机制所做的工作越完善，就越能吸引用户的注意力，最终为打造品牌爆款建立用户忠诚度基础。

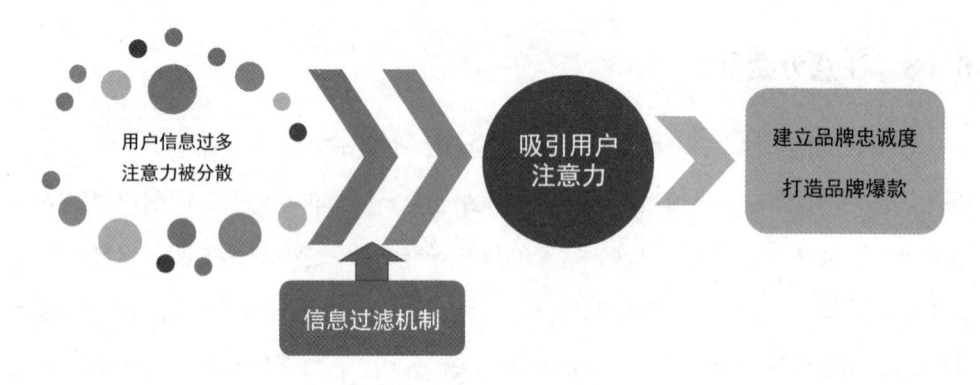

图6-8　品牌与信息过滤机制

如何在海量信息中成功攫取用户的注意力？下面介绍的"三步走"能够帮助你抓牢用户的注意力。

6.3.4　高频内容载体

攫取用户注意力的第一步：选择高频的内容载体——短视频+直播。

互联网出现后，人们获取内容的渠道主要有三种：图文、短视频、长视频。从这个意义上讲，"内容"就是流量，内容的观看频率越高、周期越短、消耗量越大，流量也就越大。短视频作为内容领域的"快消品"恰好具备以上这几个特征，因此，短视频在这场用户注意力的争夺战中优势明显。在《2019年抖音数据报告》中显示：2020年1月5日，抖音日活跃用户数超过4亿。可见从PC时代到短视频时代，人们的注意力发生了一场从图文转向短视频的"大迁徙"。短视频因其自带的娱乐属性，让用户获取信息更轻松、付出的时间和精力成本更低，从而降低了用户获取信息的门槛。对于品牌而言，短视频触达用户的渠道更多，相比图文时代以微信、微博为主的内容分发渠道，抖音、快手等平台具有基数更大、范围更广的潜在用户群体，更利于品牌进行大范围的裂变传播。

要实现短视频变现，只做短视频还不够，需要和直播结合起来。和短视频相比，直播更进一步提供了一种让品牌和消费者互动、沟通的载体。2020年，抖音与快手开始重点扶持直播，打通直播变现的路径，让视频创作者转为主播：主播获得用户打赏，平台获得抽成。这时，短视频的存在意义就是塑造"网红"，为直播引流。让用户观看短视频的同时，对视频创作者的直播产生期待；当视频创作者做直播时，把该创作者的视频推向关注过他，或者可能对他感兴趣的用户，吸引用户通过短视频进入创作者的直播间。所以，培养"网红"、精准推荐，是短视频平台能够靠直播吸引用户的注意力并赚钱的基础。目前，并不是所有创作者都能开直播，而是拥有一定粉丝基础的主播可以申请。这样一方面能节省带宽成本，另一方面能刺激没有开直播权限的创作者发布优质作品，积累粉丝量，从而正向推动视频质量。

和短视频一样，一方面，以淘宝为主的电商类直播本身就可以达到提升品牌在电商环境下迅速积累用户量的目的；另一方面，直播将成为品牌与消费者沟通的重要内容载体，帮助品牌触达认知人群和兴趣人群，吸引用户的注意力。如果品牌能在微信、抖音、B站等这一类原本就有很高用户活跃度的内容平台上面持续打造有趣的直播内容，对于用户资产的积累（比如曝光数、粉丝数、收藏/加购数等）无疑是一个弯道超车的机会。

6.3.5 激发情绪共鸣

攫取用户注意力的第二步：做有熟悉感、惊喜感、超值感的内容，激发用户的情绪共鸣，进一步吸引用户的注意力。

想象一下，假如你在一个陌生的城市中行走，突然在熙熙攘攘的人群中看到了一张熟悉的面孔，居然是你的好友！那种欣喜、熟悉、如释重负的感觉扑面而来，这个陌生的城市似乎变得可爱起来。在陌生环境里寻找熟悉的面孔，是人的一种原始冲动，对应到产品逻辑就是做让用户感觉有温度、似曾相识的内容和产品。因此，在抖音和快手上，选择好目标用户，做让用户感觉有温度、似曾相识的内容，把这些内容打造成吸引用户注意力的产品抓手，激发用户与内容的情绪共鸣，进而关注你。随着时间的推移，用户对你的内容产品的熟悉感越来越强，观看你的内容的习惯也会养成。

大多数用户对新事物既充满期待，又因为太过新潮而感到恐惧。这两种对立的感觉在用户心中持续地开展"拉锯战"。成熟的品牌出新产品更容易获得用户注意力的原因，就在于用户对品牌的认知成本近乎为零，学习成本很低，对品牌的熟悉会给用户带来足够的信任感。因此成熟品牌要不断通过内容和产品给用户传递熟悉感、强化信任感，巩固用户对品牌产品的使用习惯。对于刚进入市场的全新品牌，想要抓住用户的注意力，在于优先聚焦于品牌的核心价值——贴近用户的需求，把品牌的新想法包装成旧想法的改造版本，用"老瓶装新酒"的策略，打造用户对品牌产品的熟悉度，然后快速感染用户、铺开市场，让更多的用户获得品牌产品的使用体验。牢记一点，积木式创新比颠覆式创新更容易让人接受。

人的注意力并不只受一个方向的力的作用，相反，这是一场相互作用的两种力量之间的角逐，是人们对新事物的喜爱和对旧事物的偏好之间的较量，对熟悉的事物和对新的刺激的需求之间的权衡。除了熟悉感，意外的惊喜、超值的感受，也会让人忍不住把注意力投射过来。几百万年的进化，让人类保持着既好奇又保守，既偏爱熟悉的事物又渴求新的事物的特征。在内容上要打造惊喜与超值感，就需要抓住人的这一行为特征。通俗地说，就是旧瓶装新酒，让用户感觉遇到了一个"很像熟人的陌生人"，给用户一个"熟悉的惊喜"，这种惊喜会给用户带去"超值"的感受。比如，很多人说美国大片的经典叙述结构，不是普通人"升级""打怪"成为超级英雄，就是最终抱得美人归……如果能在特效、演员阵容、内涵升华上有一点惊喜，就能够让用户感觉物有所值。所以，让用户感觉你的内容有点熟悉、有点惊喜、有点超值，满足用户对熟悉的事物和对的新刺激的需求，就能把用户的注意力牢牢抓住。

6.3.6 意见领袖

攫取用户注意力的第三步：找到目标受众中的意见领袖，由点及面地激发裂变传播，抓住群体用户的注意力。

意见领袖，往往是一个圈层中具有影响力及传播力的人，是品牌撬动用户注意力的支点。当一个品牌借用了现有的志趣相投的用户的紧密关系网时，往往会传播得更可靠、更快。如果你试图吸引一群人的注意力，请先找到这群人中的意见领袖，通过分佣、利益绑定的方式，让意见领袖成为你的关键传播节点，从一个点开始"套捕"一个群体的注意力。在移动互联网时代，每个用户都可以成为品牌的一个传播节点，这个传播节点连接用户自带的人际关系网络，微信朋友圈、社群、微博、抖音号……当越来越多最具有影响力的意见领袖成为品牌传播网络中的节点时，就相当于打开了用户裂变传播的开关。

注意力是人拥有的能够自主控制的最重要的资源之一，人们把注意力投射在哪，时间就相应花在哪。在企业获得用户变现增长的营销策略中，注意力也是用户产生购买行为的起点，围绕用户变现这一目标的 AISAS 用户营销模型（参见图 6-9），正是以抓住用户注意力作为用户营销起点的。可以说，没有用户对品牌的注意力投射，就不会有用户后续的系列行为，更不会有最终的用户购买行为产生。有一句话——细节决定成败，不仅宜家，还有更多成功的品牌，通过完善用户体验的细节来帮助用户建立信息筛选机制，牢牢抓住用户的注意力。当品牌有足够的时间陪伴用户成长时，就能让用户慢慢认可这个品牌并依赖这个品牌，养成品牌产品的使用习惯，建立品牌忠诚度，为打造品牌爆款建立牢固的用户根基。

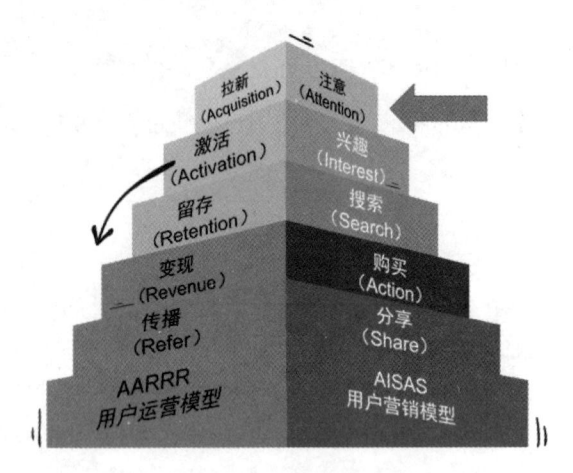

图6-9 用户营销模型

第 7 章　持续打造品牌爆款

诸多品牌爆款的出现，让许多品牌人看到一条打造品牌爆款的清晰路径：通过裂变传播手段获取大量的用户，再把用户转化成购买力，打造出爆款。本章不仅讲解打造品牌爆款的具体方法论，而且介绍复制品牌爆款的增长策略。

7.1　裂变是过程，爆款是结果

这几年文创产品的开发风生水起，故宫博物馆就是通过裂变传播的策略打造出一个又一个品牌爆款，成就故宫文创品牌 IP 的经典案例。故宫博物院还在淘宝上开起了网店，一年的销售额近 10 亿元。

故宫是如何通过品牌的裂变传播成功打造爆款的呢？

7.1.1　社交媒体互动

故宫做对的第一点：通过有趣的内容吸引种子用户的注意力，开启种子用户的裂变传播。故宫招募了一批"脑洞大开"的创意人员，开始在"故宫淘宝"微信公众号上发布风趣的文章，文中充斥着"萌萌哒"的皇帝、逗趣的语句。从《雍正：感觉自己萌萌哒》被疯转开始，"故宫淘宝"微信公众号开启了每篇文章阅读量超过10万次的疯狂"圈粉"局面，沉淀了很大一批"铁粉"。这些"铁粉"甚至疯狂到只要有新文章发出来必转微信朋友圈。"故宫淘宝"的产品文案也画风清奇，颠覆了大众对故宫以往的了解，比如"卖萌"的皇帝、亮出"热到变形"的皇帝，等等（参见图7-1），迎合了很多用户的兴趣点。做出能抓住用户兴趣点的好内容，吸引用户的注意力，让用户能够关注与品牌相关的自媒体的内容，这样既能增加内容的阅读量、转载量，又能为品牌沉淀一批粉丝。

图7-1 "故宫淘宝"微信公众号的文章

再有，"故宫淘宝"擅长通过社交媒体的多向互动来制造话题。"故宫淘宝"不但自己玩，还联合别的博物馆一起"卖萌"。比如，"故宫淘宝"官微与"四川广汉三星堆博物馆"官微积极互动，互相"攀比"，"炫耀"各自馆藏"萌"文物。一次三星堆博物馆官微晒出呆萌的东汉陶狗后，被"故宫淘宝"调侃不如自家的陶狗可爱。接着，三星堆博物馆晒出南宋龙泉窑青瓷长颈瓶,称:"应该是烧制的时候出了问题,这个长颈瓶弯了一点,莫名有一丝淘气的感觉。"故宫的回应是:"欢迎大家来我宫看瓷器!我宫瓷器不弯,都是直的。""故宫淘宝"官微在和"四川广汉三星堆博物馆"官微互动的同时还调皮地与粉丝互动,"你堆门票太贵。我大故宫旺季门票才60元,淡季40元,学生群体20元。欢迎大家来我宫参观。"结果引来大量用户围观并被"圈粉"(参见图7-2)。

图7-2 "故宫淘宝"与"四川广汉三星堆博物馆"的微博互动

在社交媒体上与大V或者粉丝多向互动,不仅能够不断制造用户裂变传播的话题,还能通过话题进一步促使粉丝产生围观、转发、互动等行为,扩大裂变传播的用户范围,"圈"进新用户。只有把"铁杆粉丝"作为品牌裂变传播的土壤,故宫的品牌才能由一个起点向四面八方裂变传播开。所谓裂变,就是首先需要以一个或几个点为基础,成功地突破后,再进行严格的复制,由一个成功的点复制出另一个点,两个点再裂变为四个……这是一个逐步推进、步步为营的过程,进而由此打开市场。因此,通过种子用户进行裂变传播,打破用户圈层,扩大品牌的受众群,通过存量用户找增量用户,是打造品牌爆款的关键第一步。

7.1.2 做大众化产品

光靠能吸引眼球的内容、高转载量，还不足以达到打造品牌爆款的目标。打造品牌爆款还需要具有不断复制的能力的产品载体，以高频传播带动高频成交，促进成交量的几何级增长。

故宫做对的第二点：做大众化的产品，把"有品味+好玩"的用户价值需求不断在产品中复制。故宫的产品分为两种：一种是文化型的，比如春节的福袋礼盒，里面有设计感非常强的对联、红包、年画；另一种是好玩的，比如"冷宫"冰箱贴（参见图 7-3）。故宫非常聪明地抓住用户的两种心态：高端和好玩。故宫知道，"皇家"的东西，首先要让人觉得有档次、有内涵。在大多数产品中，故宫严格复制这一品牌特质：贴着"故宫标签"的东西，有宫廷设计范儿，性价比高，送人实惠、不"掉价"，还显得非常有文化。故宫把"高大上"的中国宫廷文化运用到扇子、笔记本、手机壳、红包等日常用品上，降低了用户表现自己底蕴的门槛。在故宫淘宝店里销量靠前的产品是红包和福袋，一个是送人的，一个是挂门上的，都是容易让别人看到的东西。

图 7-3 故宫淘宝店的爆款

第 7 章　持续打造品牌爆款

故宫充分挖掘了自身的历史文化价值，在高价值和大众化之间做了很好的平衡，牢牢抓住了受众的眼球。为什么它不推出字画、国宝的复制品？因为不少人可能只是叶公好龙，未必会使用或者传播这些东西。只有做出文化门槛适中的大众化产品，才能最大化地把品牌价值植入用户的心中，让用户对品牌的产品产生信任感与依赖感。

故宫在微博等社交媒体中采用"勾搭战术"拉近了和大众之间的距离，不断执行亲民化的线路图。比如，"故宫淘宝"曾经发了一条微博："有人建议做款冰箱贴，既充满历史感又言简意赅，冰箱上就贴两大字：冷宫！所以这都什么粉丝啊？"有网友戏称不如故宫和海尔两家合作，做个"冷宫"冰箱（参见图7-4），然后海尔微博大方回应：容我考虑一下。接着"故宫淘宝"回复："给一个窜天猴，要不？"就这样，在和海尔在微博上有来有往半年后，故宫正式上线了"冷宫"冰箱贴。这个冰箱贴一上线，就被在微博上关注过此话题的粉丝一抢而空。先吸粉，"圈"种子用户，然后顺势推出相关产品，这样的策略在很多品牌产品的预售中屡见不鲜。在未来非常长的时间里，品牌产品要"收割"用户购买力，首先要做的一件事就是围绕用户关注的点设计关联产品。运用媒体互动"圈粉"、预售等策略，可以确保品牌爆款的销量。

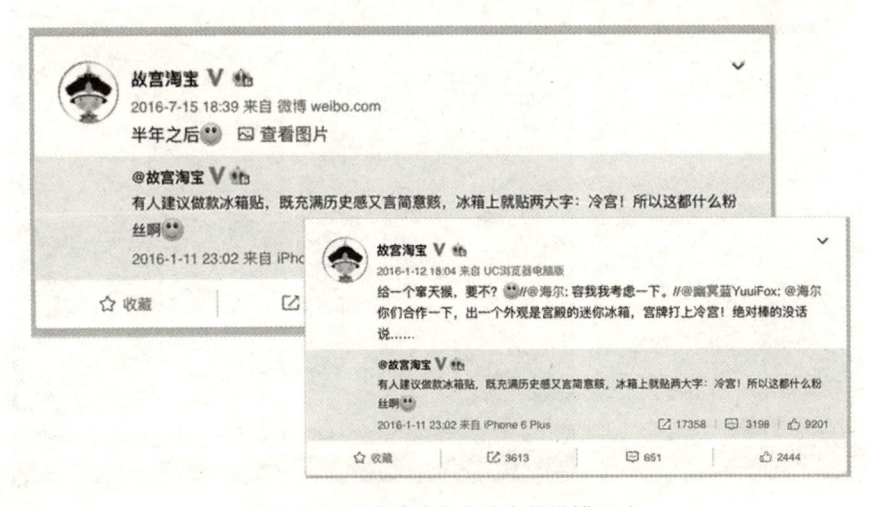

图 7-4　"故宫淘宝"与海尔的微博互动

7.1.3 借势热点 IP

故宫做对的第三点：借势热点 IP，推出关联产品。故宫通过纪录片的形式，借明星、影视 IP 的"东风"，把"高品味、有文化"的品牌价值精髓在产品互动中不断放大。2018 年，故宫联合北京电视台推出了电视节目《上新了，故宫》，周一围与邓伦担任故宫文创新品开发员，蔡少芬等出演过宫廷戏的演员跟随专家对故宫未开放区域进行深度探秘。这种接地气的表现形式充满娱乐感，引爆了用户观看的热情。

之后，故宫在每一期节目中都同步推出引领热潮的文化创意衍生品。例如，节目第一季第二期推出的文创产品是睡衣，设计师将故宫博物院内宁寿宫畅音阁天花中的纹样及卷草纹木雕匾兽等吉祥意象融入设计之中，寓意"蝠福，福如意；鹤贺，贺佳音"（参见图 7-5）。这款睡衣，短短几天内有数千人参与淘宝平台上的众筹，筹款接近 300 万元，远超目标金额。通过借势明星或热点 IP，将品牌产品植入媒体栏目的内容中，"收割"用户的观看热度，顺势推出关联产品引爆观众购买欲，是众多品牌打造爆款的重要手段之一。

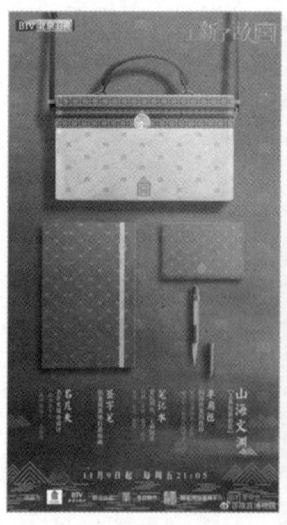

图 7-5 《上新了，故宫》的关联产品

除传统品牌外，在当下火热的短视频经济中，要打造爆款短视频与直播，吸引更多用户注意并将其转化为购买力，也需要遵循"好的内容是吸粉的核心生产力"原则。要打造爆款内容产品，需要做到下面具体介绍的三点。

7.1.4 爆款"神曲"赋能

第一点：挑选人气高的"神曲"，作为产品载体的一部分。在抖音的内容体系中，存在"以爆款'神曲'为内容聚合单位"的设定，这和抖音在起步阶段时的"小众音乐和音乐创意聚合平台"定位有关。在抖音上，每隔一段时间就会爆出高人气"神曲"，而那些选择这些"神曲"作为背景音乐的短视频，往往会获得比同类内容的其他短视频更多的新粉丝和点赞。有数据表明，在抖音上，合适的音乐可显著提高短视频的播放量、互动量。爆款"神曲"的增幅作用不仅对普通视频如此，对广告视频的影响力更大，甚至能够成倍提升播放量和互动量。

你可以做个有趣的小测试：选择 3 个你觉得百看不厌的抖音短视频，然后把手机调整成静音，感受一下，是不是觉得本来好看的内容，突然对你没有那么大的吸引力了？这是因为在抖音的内容产品中，音乐在激发用户情绪、产生情绪共鸣的作用中至少占了 50%以上的比重。有些短视频看似仅仅通过对形体动作的模仿进行内容复制，其实它的核心逻辑是通过具有强烈节奏感的音乐，让用户的大脑在感官刺激的作用下产生大量的多巴胺，通过生理机制激发了用户的情绪共鸣，让用户上瘾。而用户保持快感的唯一方式，就是停留更长时间，从而沉醉于抖音之中，在不知不觉中度过了时间。

主播可以通过抖音的搜索功能，很快判断出某音乐的热播程度：每个短视频作品右下角都有一个背景音乐图标，点击这个图标就会进入当前背景音乐的作者页面，并显示该音乐已被多少人使用。这个功能可以帮助主播选择人气高的背景音乐。

7.1.5 话题打卡带曝光

第二点：结合热点话题进行互动，借势增加曝光度，产生裂变传播。

《2019年抖音数据报告》中的数据显示，"话题挑战+打卡"组合是打造流量爆款视频的窍门之一。带火一座城的"不倒翁小姐姐"皮卡晨起初是因为当时抖音平台上"把手给我"的热门话题比较火热，所以找朋友帮忙拍了一个牵手视频。没想到，这段抖音短视频竟然获得了370万个赞、8.7万条评论、12.5万次转发。古色古韵的唐风元素、新颖有趣的行为艺术、皮卡晨动人的表演在一瞬间抓住了人们的目光，让人沉醉，直接"吊打"其他"把手给我"的话题内容，形成了她自己的话题，同时也带火了"不倒翁天团"以及西安的大唐不夜城。很多"抖友"竞相模仿"不倒翁小姐姐"的画风……抖音还迅速上架了"梦回长安"特效，原视频中自带的配乐——《美丽的神话》片段的热度也迅速飙升。

抖音鼓励用户打卡互动。在《2019年抖音数据报告》中，国家、城市、景点的数据占比很大，打造更多的"网红"城市、"网红"景点，也是抖音的一个重点，这体现在抖音的城市话题以及活动上，比如"抖inCity城市美好生活节"话题，上线一天阅读量突破4亿。在线下，抖音也发起"城市印象""抖音奇妙法"等主题活动，让每座城市都以一个青春的方式被用户看到。对短视频增量和流量的争夺已经转移到了三四线城市及农村的下沉市场，有很多城市的风貌被发掘，也有大量下沉用户涌入抖音。增加地址的曝光，去"网红"地点打卡，都有可能给你带来流量。"大唐不夜城"的火热，就是"热门话题+打卡"组合带来的结果。

热点话题是用户喜欢转发与关注的，热点话题的出现必定会带来巨大的流量和关注，围绕热点话题打造内容，能够借势增加曝光量，加快传播速度。这样的内容，不仅受用户欢迎，也受平台欢迎。可以说热点就是流量，能不能抓住热点话题，并结合热点话题创新内容，是打造爆款内容的关键因素。

7.1.6 品牌 IP 植入

第三点：与大 IP 结合，把品牌产品植入传播内容，在收获用户大量"眼球"的同时，推出关联的品牌产品"收割"成交量。

通过热点内容"圈"到足够的粉丝后推出关联产品，就能够获得成交转化。罗永浩直播带货就是典型的转化案例。在老罗宣布要直播带货后，抖音官方和各大媒体纷纷转发，"老罗直播带货"事件被发酵成热点。随着事件的升温，在 2020 年 4 月 1 日老罗正式直播时，现场涌进了 8000 万用户，老罗在第一次直播中就创出了 1.1 亿元的交易额。

结合故宫爆款产品和短视频爆款内容的案例，我们发现，在品牌爆款的打造过程中，裂变是过程，爆款是结果。无论是传统品牌打造爆款，还是在短视频、直播生态中打造爆款内容，将流量转化成成交量，都需要做到以下三点：

第一点：以好内容为用户互动载体，抓住用户的注意力，借助种子用户的传播能量，开启内容的裂变传播，打破用户圈层，扩大内容的受众群，以存量用户找增量用户。

第二点：围绕品牌用户最核心的需求和偏好，设计产品载体，并把品牌的核心价值在传递给用户的过程中不断复制和放大。

第三点：结合热点话题与内容 IP，把品牌产品植入传播内容，在收获用户大量"眼球"的同时，推出关联的品牌产品"收割"成交量。

7.2 规模化复制品牌爆款

很多品牌在打造爆款的过程中，容易陷入一个误区：做出一个爆款，就能持续地做出更多爆款。事实上，很多昙花一现的爆款从爆发到后续乏力的发展轨迹表明，爆款单品的出现，存在太多偶然性，缺乏可复制性。一个品牌想持续地打开消费者的钱包，需要具备持续打造爆款的能力。

持续打造品牌爆款的正确"姿势"是：将打造爆款的方式复制到更多形态的产品和渠道中。只有这种方式被不断复制并有效验证，才有可能帮助团队持续打造出更多高销量的产品。

故宫文创品牌从 2015 年开始，通过在微博、微信、淘宝平台上的运营，获得了一大批"铁杆粉丝"，为品牌成功推出爆款提供了裂变传播的土壤。之后，故宫文创团队通过三件事把打造爆款的方式变得可复制、可持续、可扩大，让故宫文创这个品牌火遍大江南北，并持续不断地推出让用户趋之若鹜的爆款。

7.2.1 降低用户门槛

故宫为持续打造爆款做的第一件事：做大众化精品。这是故宫能够持续复制爆款的基础。

故宫推出的产品，从"诸事如意"系列窗花静电贴、寓意步步高升的顶戴花翎钥匙扣，到霸气十足的"如朕亲临"手机壳，都是适合大众平时使用的产品，价格从几元到几十元不等，产品形态与定价非常大众和亲民。一个爆款的核心逻辑就在于此，产品必须是大众化的精品，最好能高频使用，并且价格位于合适的区间。

对于品牌产品，要想从一个爆款裂变成多个爆款，首先需要以一个爆款为基础，成功突破后，再进入严格的复制流程，从一个成功的爆款复制出另一个爆款，两个再裂变为四个……这是一个逐步推进、步步为营的过程，由此打开品牌的增长之路。

故宫为持续打造爆款做的第二件事：降低用户进入的门槛。故宫把这件事做到了极致。

降低用户进入的门槛，可以把产品大众化的核心逻辑放大。故宫在产品形态和价格大众化的基础上，围绕用户的两大心理需求——有档次、好玩，把让人觉得"高大上"的宫廷文化，转变成扇子、手机壳、红包等日常用品，降低了用户表现自己文化底蕴的门槛。就这样，原来在大众眼中神秘、"高冷"的故宫，现在变得鲜活、有趣。

2018 年 10 月，故宫出版社联合奥秘之家推出一本创意互动解谜书籍——《谜宫·如意琳琅图籍》，将历史文化知识与游戏融为一体，书中的墨笔小字、精美插画、奇特符号都隐藏着紫禁城的秘密。18 件暗藏玄机、样式各异的随书附件，更是能让玩家一边游戏，一边解锁各种故宫历史知识。这种充满文化趣味的、人人都可以参与的、能在微信朋友圈炫耀自己文化底蕴的模式，让用户大呼过瘾。创作团队在这个产品上市前发起了众筹，目标金额是 10 万元，在众筹开始后 10 小时的时候，筹集到的资金就达到了 100 万元。

7.2.2　让产品具有传播度

故宫为持续打造爆款做的第三件事：做有传播度的产品，让产品在用户中具有自我发酵、传播的能力。

故宫不断通过自媒体营销互动，用"软萌贱"的文案加上清奇的画风，拉近原来"高高在上"的故宫和大众在心理上的距离。故宫和腾讯合作的"穿越故宫来看你"H5 小广告在微信朋友圈刷屏。广告中，朱棣大跳 hip-hop 舞蹈，一路出宫自拍，发微信朋友圈引来各方点赞，并在 QQ 群进行各种互动。故宫文创团队还让历史人物的 GIF 表情包在社交媒体中广泛传播，比如雍正比划 yes 手势，四爷表白帖"朕亦甚想你"。这些历史人物的集体"卖萌"，吸引了众多年轻人在自己的微博和微信中二次传播。

故宫除了激发了用户的自主传播能量，时任故宫博物院院长的单霁翔自己也乐于

165

到处宣讲故宫文化，成为人见人爱的"网红"。他在给用户介绍故宫博物院的管理经验时说："要让领导看到不好的地方，这样领导的责任心油然而生，就给我们解决很多问题，屡屡'得逞'。"他倡导用故宫式的生活方式来推销故宫文创产品，比如呼吁大家一年四季各买一把伞……这些妙趣横生的语言让他的"段子手"形象深入人心，以至于故宫文创品牌的"铁粉"在看到单霁翔院长出现的时候，会忍不住喊道："屡屡得逞来了。"

所以，当一个品牌拥有了用户基础和有效的裂变传播手段后，可以通过做以下三件事让爆款的打造方式变得可复制：

第一，做大众化精品，这是复制爆款的基础。

第二，降低用户进入的门槛，把这件事做到极致。

第三，做有传播度的产品，掌握在用户中能够自我发酵、传播的能力。

7.2.3 边际效应降成本

另一个典型的爆款大户就是小米。在小米的生态链中，销量一百万件、营收10亿元的单型号产品，才被称为爆款。小米的空气净化器、手机、充电宝等，无一例外都是小米品牌的爆款。小米能持续地推出爆款，有两个商业增长逻辑在发挥作用，下面分别介绍。

小米的第一个商业增长逻辑：产品数量越多边际成本越低。何为边际？就是"新增"带来的"新增"，这就是边际的概念。每新增一单位产量，总成本所增加的部分就叫边际成本。

小米的爆款售卖量越大，产品的边际成本就会越低。经典的例子是小米手环，因为销量足够大，价格只有市场同类产品的几分之一。这样，即使有人生产盗版手环，很可能生产成本比小米手环的市场售价都高。这一切归功于小米提供的标准化协作、支持。从设计到开发，小米为旗下所有品牌制定了标准化业务流程，同时在品控上确立了严格的质量标准，确保了投入市场的产品质量稳定。那些和小米合作的供应商，通过从小米这里获得覆盖全年的大批量、稳定的订单，进而降低产品成本，并依据标准化的生产管理流程，做到持续输出高品质、低成本的产品。

7.2.4　关联效应带新增

小米的第二个商业增长逻辑：通过关联带来新增。详细解释一下，就是把用户的注意力从一个产品上转移到更多的产品上，进而促成用户对多个产品的购买。在米家 App 的用户场景中，小米"狡猾"地把米家商城的入口放了进去（参见图 6-3）。这一举动，直接带来小米用户复购率的增长。那些已经开始使用小米智能家庭终端的用户，发现米家智能终端带来的便利后，会有更大的概率给自己的家添置小米的其他产品，从空气净化器到净水器，从电饭锅到冰箱，等等。

耗材、配件的关联交易，也是小米爆款策略的延展。用户到任何一个平台购买小米产品，在产品页面下面都会出现和这个产品有关联的衍生产品。比如用户查看小米空气净化器的产品信息，在页面下方就会出现小米净化器滤芯的链接，App 还会贴心地告诉用户哪个滤芯可以除菌。再比如，用户家中使用了小米净水器，当净水器滤芯快到使用期限时，米家 App 会通过手机的通知功能提醒用户，并贴心地在 App 中显示耗材的购买链接，让用户能够非常方便地购买设备的耗材（参见图 7-6）。

其实爆款并不是小米的利润中心，而是流量增长中心，产品的耗材才是小米的"吸金"利器：用爆款引流，通过耗材盈利。用户购买行为的关联，是用户购物需求的延展。小米让用户在不断使用产品的过程中，持续产生耗材产品的关联交易，使用户在不知不觉中建立对小米产品的依赖感与信任感，进而为持续打造爆款建立深厚的用户基础。

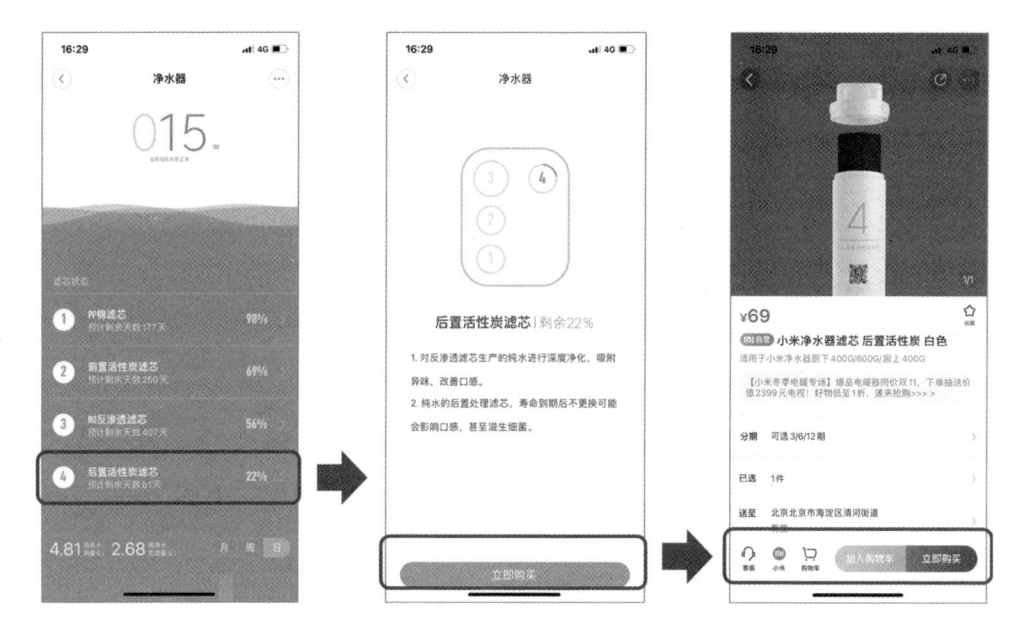

图 7-6　米家 App 上的耗材更换提醒

企业在经营的过程中，具备复制爆款的能力不仅意味着能够持续推出新产品，也意味着能以同样的成本打造出更多的新产品，从而节省更多的成本，获得更多可支配的现金流。企业要想控制边际成本，需要严格执行标准化生产和标准化管理，将两者结合在一起才能够在降低成本的同时持续输出高品质的产品。

要想持续地打造品牌爆款，需要从产品设计开始就牢牢抓住用户的需求，做大众化的精品，通过降低购买及使用门槛使更多用户对品牌产生喜爱与信任。同时，要让产品具备传播的能力，在推广的过程中用内容充分放大产品的传播属性，通过裂变传播把产品传播给更多的用户。在企业内部，始终要在控制成本的同时确保产品的品质。只有做到这些，一个企业才能够持续地打造爆款。

第 8 章　铸造品牌长久价值

品牌除了要满足用户的功能性需求，还应该具备供用户区分商品、确认质量、彰显身份和表达价值观的作用。越来越多的消费者对能够反映生活态度、社会归属感乃至三观的品牌文化产生了价值认同感。

8.1 品牌文化造就价值认同感

互联网的"上半场"，是技术高速发展、用户流量暴增的阶段，手机成为你我连接世界的超级连接器。在这个阶段，品牌扩张的主题是：流量、技术、效率规模化。一些企业对品牌塑造的认知，停留在"让人知道我，记住我"的基础层次上，只求触达用户，而非触动用户。这种品牌认知基础，造成的结果是广告密集式轰炸，内容传播形式以重复性"洗脑"为主，最后形成了扩大市场要靠砸预算，预算越多，广告越多，市场推广做得越好的怪圈。这个怪圈让不少企业深陷其中，广告效果很难评估，却又不得不投入，常常造成现金流紧张。

8.1.1 国货品牌≠廉价、低端

因为国内一些企业对品牌理解存在上述误区，在市场上出现了一些"价格战""性价比战"，以及重复性的"洗脑"广告，在部分用户心中造成国货品牌与"廉价""低端""一次性"等标签绑定。以 iPhone 手机为例，即使国内企业使用一模一样的工艺生产出品质相同的手机，也不一定能卖出同等的价格，即使价格低廉，用户也不一定能成为品牌的忠实用户并持续购买其产品。这种情况让国内一些企业在品牌发展之路上举步维艰。与"廉价""低端"这样的标签解绑，提升品牌在消费者心中的地位，成为国货品牌必须跨越的障碍之一。

要提高用户对品牌的信任度与忠诚度，就需要从提升用户对品牌价值的认同感入手。什么是用户认同的品牌价值？随着社会经济的发展，用户对品牌的选择从跟风、从众演变出个性化的、多层次的需求。价格不再是决定性的因素，产品的功能也不再是唯一考量，品牌除了要满足用户的功能性需求，还应该具备供用户区分商品、确认质量、彰显身份和表达价值观的作用。

企业要提升用户对品牌的价值认同感、提高用户的忠诚度，需要通过优质的产品和服务，帮助用户进行自我归属的定位，与用户建立情感连接，重塑品牌在用户心中的价值，让品牌成为反映其生活态度、社会归属感乃至三观的一部分，从而对品牌产生深层的需求。这也是品牌在企业发展过程中所承担的重任。

8.1.2 品牌文化价值观

星巴克能够演绎出在多个国家和地区流传的"星巴克体验"文化，正是因为企业以咖啡为产品载体、在用户心中建立了"咖啡"与"星巴克"的品牌价值关联。"星巴克体验"首先体现在咖啡馆的设计风格上，墨绿和深褐的色调给人舒适、沉静的感觉，不过分明亮，也不过于暗沉，既区别于家的随意，又比其他公共空间更舒适，非常具有辨识度（参见图 8-1）。不管用户身在何处，只要走进星巴克，都会感受到品牌

价值高度的一致性，让用户在心理和情感上产生归属感。日积月累，星巴克品牌的文化价值观在用户心中变得越来越清晰和牢固。

图 8-1　星巴克咖啡馆

星巴克正是通过不区分地域、不区分文化贯穿全球的咖啡馆，把品牌的文化价值观反复传递给用户，让用户在不知不觉中就开始接受并不断提升对星巴克品牌的价值认同感。

由此可见，要想将品牌价值观传递给用户，首先要做的一件事：清晰地明确品牌价值观是什么，并需要确保产品与服务无论在哪里、以何种形式提供，都能一致地体现品牌价值观。从喜茶到海底捞，这些成功获得用户高价值认同感的品牌，无一例外都在遵循着此原则打造自己的品牌文化价值观。

8.1.3　品牌价值载体

要提升用户对品牌价值的认同感，提高用户的忠诚度，需要做的事：找到一个产品抓手作为向用户传递品牌价值观的载体，然后做到极致，打造出品牌爆款，并以此获得更多认同你的品牌价值的用户。

继续拿星巴克举例，它推出的一个爆款是星礼卡。在星礼卡的产品设计上，星巴克把结合热点的"借题发挥"能力发挥到极致，各种节日（如春节、端午节、圣诞节、情人节、中秋节等）、各种主题（如四季、各大城市、十二星座、十二生肖等），通通被星礼卡设计师收入囊中，应用在不同的卡片形状、卡面主题、设计风格之中（参见图 8-2）。在星巴克的门店里，你会发现在柜台的黄金销售位上，星礼卡的上新速度堪比服装店里的快时尚服饰。作为咖啡品牌，星巴克充分展示了自己的设计实力，推出的产品中总有一款能够戳中消费者的心。

图 8-2 星巴克的星礼卡

为了突出"送礼"主题，星巴克推出一款录音星礼卡，可以录下 15 秒的告白宣言送给喜欢的人。星巴克还推出带有芯片的情侣皮质手环星礼卡，可以直接刷 POS 机进行消费。星巴克还经常在星礼卡的基础上进行捆绑销售。例如，搭配一些优惠券组合成"会员星礼包"，提高含金量，让顾客觉得"物超所值"。又如，与其他限量小物件搭配销售，增加卖点，如钥匙扣、零钱包、冰箱贴、小玩具、立体拼图、摆件，等等。你能想到的和没有想到的，星巴克几乎玩了个遍。甚至有人戏言，老百姓把钱存在银行，星巴克的"信徒"把钱存在星巴克。

第 8 章　铸造品牌长久价值

任何品牌都需要以产品作为载体，将品牌价值观传递给用户。当越来越多的用户频繁使用某品牌的产品时，其品牌价值观也被有效地植入用户心中。做好这件事，不仅能够提升用户对品牌价值的认同感，还能赚得盆满钵满。

企业在经营过程中需要注意以下三点。

第一点：选择具有高频复购属性的产品作为产品抓手。用户只有对产品有高频使用的需求，才能持续地被产品高频触达。

第二点：要让产品、消费场景和品牌价值观相匹配和呼应，让用户在使用产品时能够直观地感知品牌价值观。在定下的符合大众审美的基调上，充分利用主色调因地制宜地调整自己的设计。

第三点：营销对象要区分新用户和老用户，针对不同类型的用户推出不同的产品套餐。对于新用户，力求促成首单成交；对于老用户，需要提升复购率（具体执行方案请参考本书第 3 章）。

8.1.4　价值传递

当品牌价值被清晰定义、产品抓手已选择好时，企业就可以在更大的范围内提升用户对品牌价值的认同感。这时需要做的事：选择能激发用户情绪影响力的裂变传播方式，进一步抓住用户的注意力，向用户传递品牌价值观。传统的品牌裂变营销会让用户为品牌叫好，增加美誉度，而星巴克反其道而行，通过激发用户的抱怨情绪而更加喜欢星巴克。

在国外一些星巴克店里消费时，店员会在杯子上写顾客的名字，而且总是错的。"Michael"写成了"Milly"，"Monica"写成了"Monie"，实际上这是星巴克故意让店员写错名字，目的是让顾客"生气"，然后一气之下把写错名字的咖啡杯连带咖啡馆的背景一起拍照并发照片到社交网络上"吐槽"。"吐槽"的人越多，就会有更多的人知道星巴克。于是在 Facebook 上，出现了专门汇集"吐槽"星巴克的照片的内容，甚至还有专门的账号——When Starbucks Gets Your Name Wrong（当星巴克把你的名字写错），引来大批用户围观、"吐槽"。

就这样，星巴克通过"写错名字"引发用户无伤大雅的"公愤"情绪，成功开启用户传播能量，让用户主动为品牌做裂变传播。星巴克的这一策略不仅节省了大量的广告费，还获得了不错的品牌传播效果，诙谐幽默的品牌营销手段，让更多人感受到星巴克轻松的咖啡文化和宽容的品牌价值观。用户表面在"吐槽"，实际是在展示自己是个懂得时尚生活方式的人。从整体来看，星巴克的品牌传播主要靠忠实用户的口碑，性价比非常高，且转化率比常规的广告投放高很多。星巴克的品牌裂变营销策略与故宫的裂变策略如出一辙，通过激发用户情绪影响力，打开用户的主动传播网络，同时借助社交媒体主动与粉丝互动，进一步扩大品牌的传播影响力。国内品牌在采用类似策略的过程中，也要结合中国文化的实际情况，用积极、正面的内容连接品牌价值，提升用户对品牌价值的认同感。

综上所述，企业要让品牌具有供用户区分商品、确认质量、彰显身份，甚至表达价值观的作用，需要通过优质的产品和服务与用户建立情感连接，让品牌成为反映用户生活态度、社会归属感乃至三观的一部分，让用户对品牌产生深层的需求，进而不断提升用户对品牌价值的认同感与忠诚度。在这个过程中，需要做好三件事（参见图8-3），才能在提升用户对品牌价值的认同感的同时获得源源不断的现金流。

第一件事：企业需要清晰地明确品牌价值观是什么，并确保产品与服务无论在何地、以何种形式提供，都能一致地体现品牌价值观。

第二件事：选择具有高频复购属性的产品抓手，作为向用户传递品牌价值观的载体，让产品、消费场景和品牌价值观相匹配和呼应，并做到极致。

第三件事：选择能激发用户情绪影响力的裂变传播方式，进一步抓住用户的注意力，向用户传递品牌价值观。

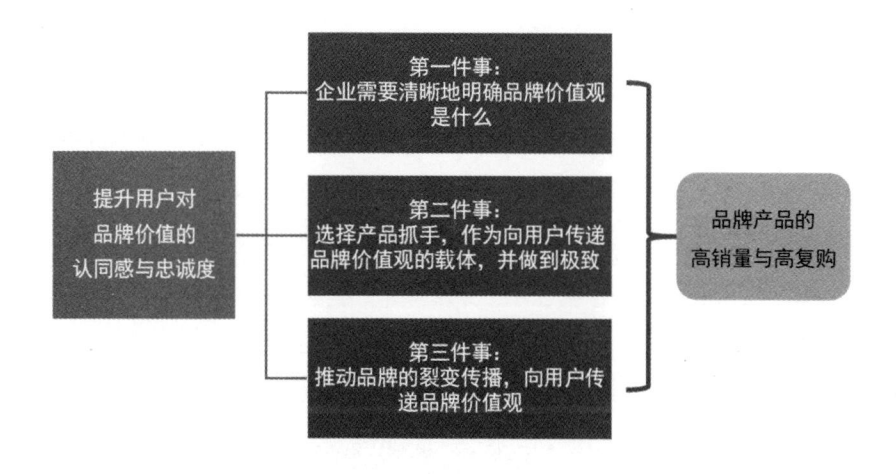

图 8-3 提升用户对品牌价值的认同感的三件事

8.2 洞察消费者行为，把握品牌增长趋势

在美国著名的消费行为学研究专家帕科·昂德希尔所写的《顾客为什么购买》一书中，分析了人们购物的行为习惯，指出人们在商店中停留的时间、行走的路线，不同群体之间特性的差异，以及对商品的感性认识等因素，是决定人们是否购买商品的关键。对于品牌店，要想生意好，就必须抓住这些关键点，营造相匹配的购物环境。当把消费场景从线下实体商店切换到互联网线上消费场景时，"欲知用户怎么买，先知用户怎么走"这条法则依然适用。互联网通过几乎无处不在的连接，处处影响着我们的日常行为。这种影响，已经从单纯的信息交互、品牌认知、商品购买等方面，延

展到我们的生活的方方面面。研究消费者行为的驱动因素,是品牌长久经营用户不可或缺的基础。

8.2.1 消费者行为金字塔模型

以马斯洛的五层需求模型为基础,现代社会科学研究者通过对人们的日常行为进行研究,发现人的行为发生由五个因素驱动(参见图 8-4),分别是:生理需求满足、由安全需求产生的情绪表达(情绪影响力)、由社交需求带来的注意力投射、由尊重需求推动的社会价值认同、由自我实现需求产生的自我价值认同。

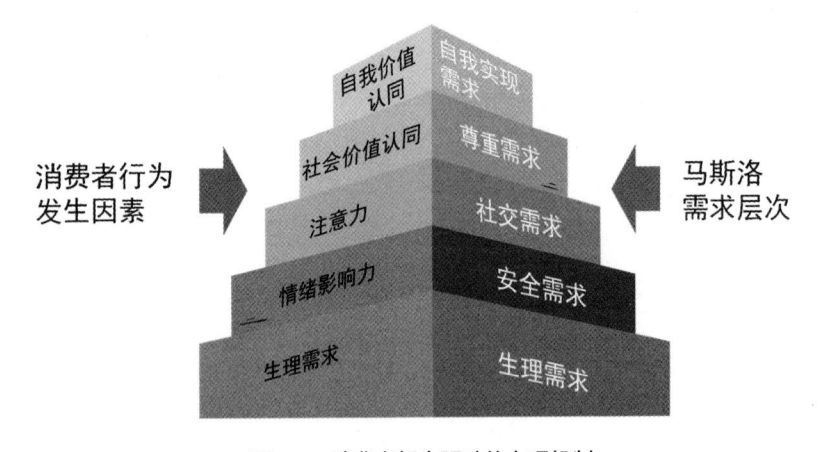

图 8-4 消费者行为驱动的心理机制

以上五层消费者行为驱动因素组成了一个金字塔结构(参见图 8-5):人的基本生理需求满足在底层,第二层是人的情绪表达,第三层是注意力投射,第四层是社会价值认同,最上面一层是人的自我价值认同。从这五个维度来洞察消费者行为发生的驱动因素,能够更精准地把品牌植入用户心智之中,为长久地经营好用户奠定基础。

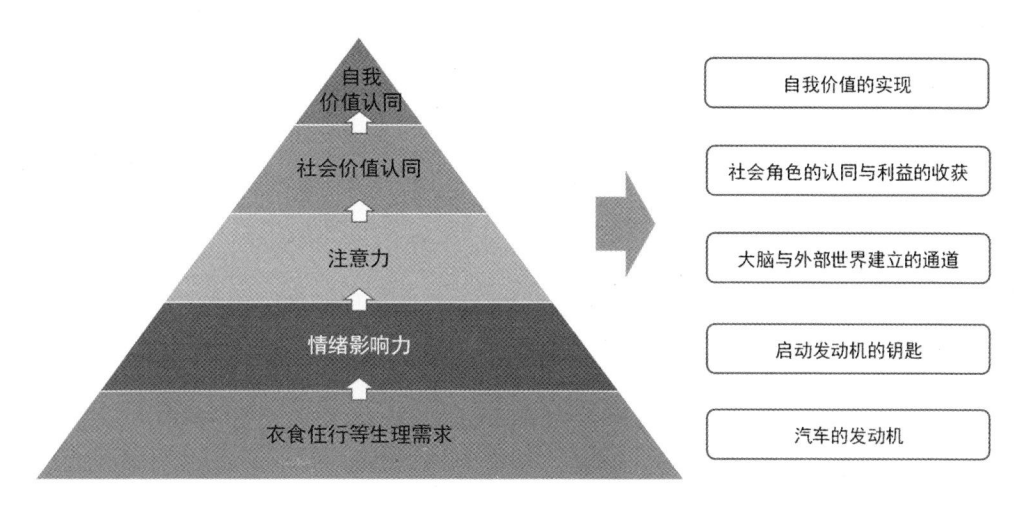

图 8-5 消费者行为金字塔模型

8.2.2 生理需求驱动

消费者行为金字塔模型的第一层：衣食住行等生理需求。最原始的衣食住行等生理需求是人所有行为发生的基础，就像汽车的发动机一样，需求越强，动力越强。这是金字塔的底层。

衣食住行等生理需求是人最基本的刚需，无论科技怎么发展，人们对衣食住行的需求都不会改变。对于任何品牌而言，只要坚持满足用户刚需目标不变，抓住用户需求变化的趋势来提供解决方案，就能够持续地培养消费者的消费习惯，并促使消费者不断发生复购行为。

8.2.3 情绪驱动

消费者行为金字塔模型的第二层：情绪对人的行为的影响。举个例子，假如你遇到一件特别开心的事，会感觉思路开阔、思维敏捷，学习和工作的效率特别高，甚至会发微信朋友圈，向周围人传递你积极的情绪；但如果你遇见一件不爽的事，让你很窝心，你可能一天都无法集中精力去做事，本来计划要做的事情都没心情去做。现代心理学有大量证据表明，情绪对人的行为决策有非常大的影响。如果说生理需求是发动机，那么情绪就是启动发动机的钥匙。没有积极的情绪这把钥匙，再好的发动机也启动不了。

打动消费者，激发消费者与品牌的情绪共鸣，是促使消费者关注品牌、购买产品的重要环节。顶级直播 IP 李佳琦、薇娅在直播中时刻处于一种亢奋的状态，这种充满激情的状态很容易传递给消费者，加上产品性价比极高的诱惑力，很快就出现产品被"秒光"的现象。情绪对人的另一个重要影响是，能够打开消费者自带的传播网络，让消费者主动通过微信朋友圈、微博把信息分享出去。随着主动分享的消费者越来越多，就形成了品牌的裂变传播，产品信息会被传递给更多的消费者。这种营销手段不仅能够带来更多的有效用户，还能降低获取用户的成本。

8.2.4 注意力驱动

消费者行为金字塔模型的第三层：人的注意力。注意力能够让人产生有效的行为，得到有效的行动结果。好比我们开车去某个目的地，不管发动机有多好、速度有多快，如果没有行驶在正确的道路上，我们是无法到达目的地的。品牌抓住用户注意力的过程，本质上就是占领用户时间的过程。用户的注意力在你的产品上停留的时间越长，越有可能产生消费。

在用户注意力的争夺战中，优秀的品牌能够帮助用户建立有效的信息筛选机制，牢牢吸引住用户的注意力，让用户把更多的时间用于对此品牌的关注，增大用户的消费概率。针对线上消费场景，企业可充分利用大数据技术对用户的内容偏好、观看时长、选择习惯等数据进行分析，进而推送相匹配的产品给用户。这种方式本质上是用大数据算法作为用户的信息过滤器，把用户的注意力引导到匹配的产品上，以占领更多的用户时间。针对线下消费场景，企业一方面要能够与线上消费场景结合，获得大数据技术对线下消费场景的赋能，另一方面要在实体店铺中规划好用户的消费路径，尽可能把干扰因素排除掉，使用户在离开店铺之前把注意力集中在产品上。

8.2.5 价值感驱动

消费者行为金字塔模型的第四层与第五层：社会价值认同与自我价值认同。人们发生不同行为的核心驱动力是价值认同，这也是金字塔模型的最上面两层。价值感是人的最高追求之一，是人产生各种各样行为的一种核心驱动力。人的社会价值认同和自我价值认同是密切关联的。

国内的白酒品牌——江小白，就是通过抓住"有情绪"和"青春"的年轻群体表达价值观的需求，推出"表达瓶"产品，让年轻人可以通过扫描瓶上的二维码，发一条喝江小白的年轻人都能看到的微信朋友圈信息，表达自己的心声，进而迅速建立起年轻群体对品牌的情感共鸣和价值认同感，一跃成为青春白酒知名品牌，5年内销售额从0增长到10亿元。

在互联网中，用户普遍存在自我表达、获得价值认同的需求。人人都怕被忽略，所以这么多人爱发微信朋友圈信息，刷存在感。企业要以内容为品牌价值的传递载体，通过给用户讲故事，在用户和品牌之间建立能够进行双向情感互动与交流的桥梁，进而获得用户对品牌的价值认同感。

在商业的世界，洞察用户消费行为的底层驱动因素，能够帮助企业更好地把品牌价值植入用户心中，长久地经营好用户，塑造具有长久价值的品牌。对于企业而言，品牌在塑造自身的形象价值时，通过产品、媒体等不断向用户传递着价值观；对于用户而言，品牌应该具有区分商品、确认质量、彰显身份和表达价值观的作用。

8.2.6 全球品牌增长趋势

通过研读 WPP 集团与咨询机构凯度发布的"2020 年 BrandZ 最具价值全球品牌

100强"（BrandZ Top 100 Most Valuable Global Brands 2020）榜单，可以发现全球品牌增长的几个趋势。

第一个趋势：全球一线品牌越来越重视打造自身的长期形象价值，并把"向用户持续传递价值观"作为自身品牌可持续发展的重要策略之一。

第二个趋势：具有长期经营基础的品牌在成熟的销售体系支撑下，依然具有强劲的增长实力。例如5个新进入100强榜单的品牌中，中国银行（重新入榜，第97名）、兰蔻（第98名）和百事（重新入榜，第99名）都是此类品牌。而且，拿化妆品行业举例，参考天猫的"双11"数据，可以发现头部化妆品品牌（欧莱雅、兰蔻等）的销量依然位居排行榜的前10名。

第三个趋势：创新成为品牌价值增长的关键驱动因素。抖音（短视频App）是令人兴奋的新上榜品牌之一，也是排名最高的新晋品牌。随着人们在线上的时间不断增长，充满娱乐性、让人心情愉快的短视频成为品牌传播的重要内容载体之一。

第四个趋势：在可持续发展方面重新定义奢侈品。年轻一代消费者同样喜欢奢侈品，但他们期待奢侈品品牌能在实践可持续发展方面做出表率，例如使用符合可持续发展标准的材质和减量包装。在2020年榜单中，有4个奢侈品品牌进入了100强，排名最高的是路易·威登（第19名），它们在支持可持续发展方面都有出色表现。

要塑造一个具有长期形象价值的品牌，最重要的是给用户创造出超越产品本身的品牌价值体验，进而建立用户对品牌的深层次需求并获得价值认同感。当用户对品牌产生价值认同感时，也意味着开始提升品牌忠诚度。塑造具有长期形象价值的品牌，一方面品牌需要具有供用户区分商品、确认质量、彰显身份和表达价值观的作用，另一方面需要用户对品牌产生深层次的需求，逐渐认同品牌价值，并且品牌能满足用户自身的社会利益需求和价值需求。这样，企业才能奠定长久经营用户的基础！

消费者行为金字塔模型能够帮助你在充满挑战与无数可能的未来准确定位品牌增长目标、发现品牌增长规律、抓住品牌发展趋势、掌握品牌增长的正确方法与工具，为品牌的增长铸就成功之路。

第 9 章　增长实战：业务、营收、成本一本账

2022 年 6 月，一位做电商的朋友找我，他遇到的难题是：在预算、人员和时间等都有限的情况下，如何做到企业 GMV（商品交易总额）与利润双增长，并实现成本可控？

我通过以下 5 个步骤（参见图 9-1），给他算清楚了这笔账，成功指导他把业务落地并实现企业 GMV 与利润双增长。

第一步：明确增长目标及其实现路径。

第二步：获取业务及相关的财务数据。

第三步：通过报表数据实现业务成本可视化。

第四步：业务、营收与成本要素关系的可视化。

第五步：业务优化和调整。

图 9-1 所示为业务、营收、成本一本账的大数据模型。该模型清楚地表现了企业

GMV 与利润增长的 5 个步骤的层级关系。

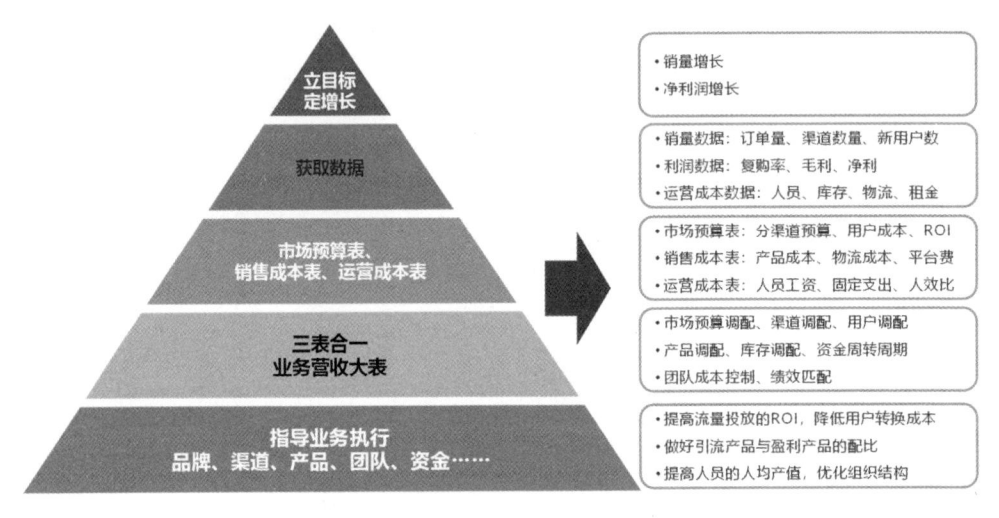

图 9-1　业务、营收、成本一本账模型

通过这一模型，企业经营者可以从宏观角度看待企业运营中遇到的各种问题，进而更好地调整市场和产品策略、优化团队组织结构、更有效地运用好手上的资金以实现企业 GMV 和利润的双增长。

下面，就以我朋友遇到的增长问题为案例，结合一本账的大数据模型，带大家抽丝剥茧，逐步实现增长目标。

9.1　明确增长目标及其实现路径

销量的增长，需要通过提高订单量、渠道数量、新用户数等方法来获得。利润的增长，需要从提高高毛利产品的销售量、提升用户的复购率、降低人员成本来入手。以上这些都是业务增长点。

GMV 的增长有两条路径：一是提高新用户的首单交易量（新用户首次购买某产品产生的交易单量），二是提高老用户的复购交易量（参见图 9-2）。

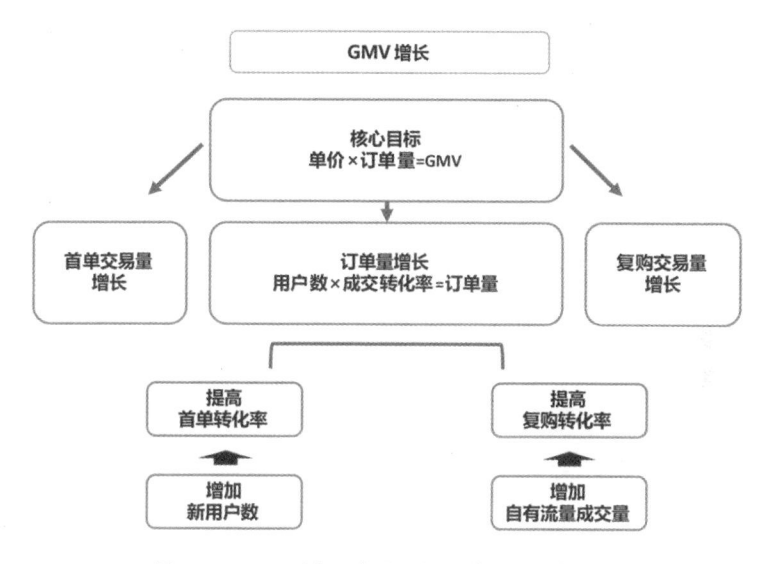

图 9-2　GMV（商品交易总额）增长的两条路径

利润的增长也有两条路径：一是提升高毛利、高客单价产品的销量；二是降低各项运营成本，比如市场投放成本、新用户获取成本、产品成本、人员成本等。

9.2　获取业务及相关的财务数据

1. 获取相关业务及财务数据，包含销售数据、利润数据、运营成本数据等。
2. 明确具体的业务目标数据（参见图 9-3）。

数据项	数据	时间	备注
项目周期		6~12月	
年度GMV	6,500万元	6~12月	
月度GMV	2,000万元	12月	• 12月做到月度2,000万元销售额
市场投放预算	2,000万元	6~12月	• 渠道投放费用不能超过渠道销售额的40%
毛利率	• 月度产品毛利率达到35%以上		
净利润率	• 10月净利润率达到1%以上 • 12月净利润率达到5%以上 • 6~12月净利润率达到1%以上	6~12月	
人员预算	100万元	6~12月	• 12月人员预算不能超过当月毛利率的15% • 人均工资：10,000元/月 • 人均产值：60万~80万元/人
产品数据	• 两类主打产品 • 引流产品，售价30元 • 盈利产品，售价150元	6~12月	• 30元引流产品进货成本占售价的70% • 150元盈利产品进货成本占售价的35% • 产品进货成本、售价保持不变

图 9-3 业务目标数据

3. 了解当前（以 6 月为例）的实际销售数据（参见图 9-4）。

数据项	数据	时间	备注
月度GMV	300万	6月	
公域渠道GMV （有预算）	285万	6月	• 在公域流量渠道中，通过市场预算投放获得的销售额
私域渠道GMV （无预算）	15万	6月	• 企业自营的私域流量，包含自营天猫店、抖音店等 • 在实际操盘中，会有一定的预算投入，其用户获取成本小于公域流量渠道 • 为便于呈现，在案例中统一做无市场预算投入处理
30元引流产品 月度GMV	150万	6月	
150元盈利产品 月度GMV	150万	6月	
团队人数	5人	6月	
其他项目成本	• 税点：13% • 物流费：7% • 平台费：5%	6月	• 总GMV占比 • 该比例仅供参考

图 9-4 6月销售数据

9.3 通过报表数据实现业务成本可视化

完成市场预算表、销售成本表、运营成本表,实现业务成本可视化。

1. 完成市场预算表(参见图 9-5),规划 6~12 月的市场预算额,需注意以下 4 点。

(1)结合图 9-3 中的业务目标数据,如果市场投放预算额为 2000 万元,那么按照市场投放费用不超过商品交易总额的 40% 的原则来计算,年度商品交易总额为:

$$2000 \text{ 万元} \div 40\% = 5000 \text{ 万元}$$

按照以上方法计算,图 9-3 中设定的 6500 万元年度商品销售总额的目标到 12 月底无法完成,且存在 1500 万元的差额。

(2)如果要完成 1500 万元的差额,就需要提高私域流量渠道(无市场预算投入渠道)的销售总额,并使该渠道的销售总额在 12 月底前达到 1500 万元。

(3)结合图 9-4 中的 6 月实际销售数据,通过计算,到 12 月底,私域流量渠道月度 GMV 必须做到 800 万元以上,占月度 GMV 的 40% 以上(参见图 9-5)。

(4)6 月,公域流量渠道 GMV 占比为 95%,到 12 月底,该比例需要下降到 60% 以内,才能确保 2000 万元市场预算不超标(参见图 9-5)。

把数据表转化成柱状图,可见私域流量渠道(无市场预算投入渠道)带来的销售额每个月都有明显上升(参见图 9-6)。

分渠道GMV

一级	二级	三级	6月	7月	8月	9月	10月	11月	12月	汇总
总GMV	GMV		¥3,000,000	¥4,200,000	¥5,880,000	¥8,232,000	¥11,524,800	¥15,558,480	¥21,003,948	¥69,399,228
	订单量		60,000	67,200	70,560	76,832	107,565	136,915	196,037	715,109
	平均客单价		¥50	¥63	¥83	¥107	¥107	¥114	¥107	¥97
分渠道GMV	公域流量渠道	GMV	¥2,850,000	¥3,780,000	¥4,704,000	¥6,174,000	¥8,067,360	¥10,113,012	¥12,602,369	¥48,290,741
		总GMV占比	95.0%	90.0%	80.0%	75.0%	70.0%	65.0%	60.0%	69.6%
		订单量	57,000	60,480	56,448	57,624	75,295	88,995	117,622	513,464
		总订单量占比	95.0%	90.0%	80.0%	75.0%	70.0%	65.0%	60.0%	71.8%
	私域流量渠道	GMV	¥150,000	¥420,000	¥1,176,000	¥2,058,000	¥3,457,440	¥5,445,468	¥8,401,579	¥21,108,487
		总GMV占比	5.0%	10.0%	20.0%	25.0%	30.0%	35.0%	40.0%	30.4%
		订单量	3,000	6,720	14,112	19,208	32,269	47,920	78,415	201,644
		总订单量占比	5.0%	10.0%	20.0%	25.0%	30.0%	35.0%	40.0%	28.2%

图 9-5 分渠道 GMV 数据

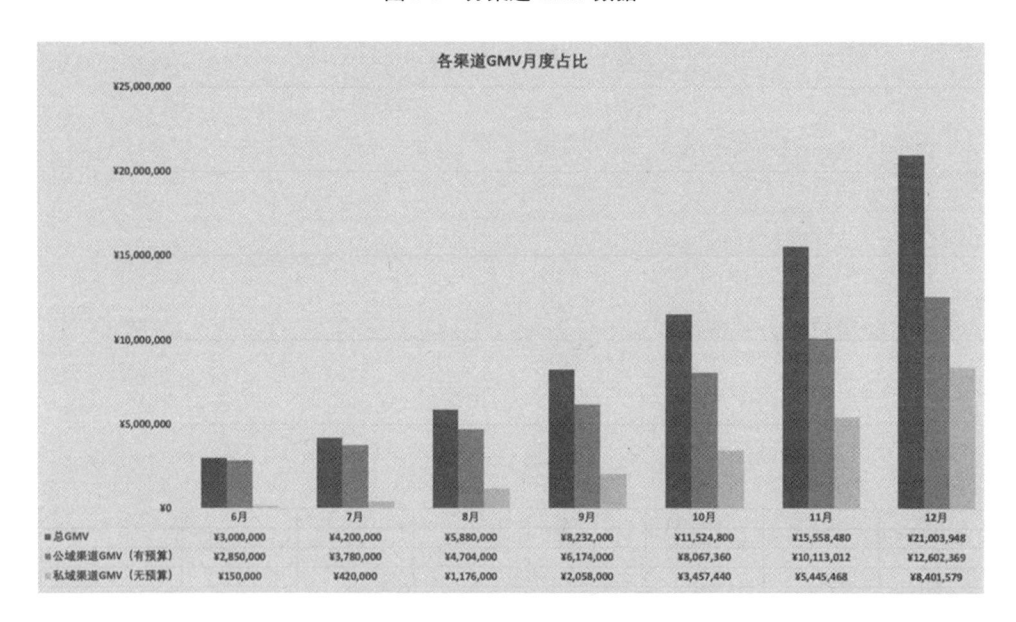

图 9-6 各渠道月度 GMV 占比

围绕流量渠道做出的市场预算投放计划，可以指导市场流量渠道的业务拓展方向，以公域流量渠道和私域流量渠道作为划分维度，可以把流量渠道的业务拓展分为两个方向（参见图 9-7、图 9-8）。

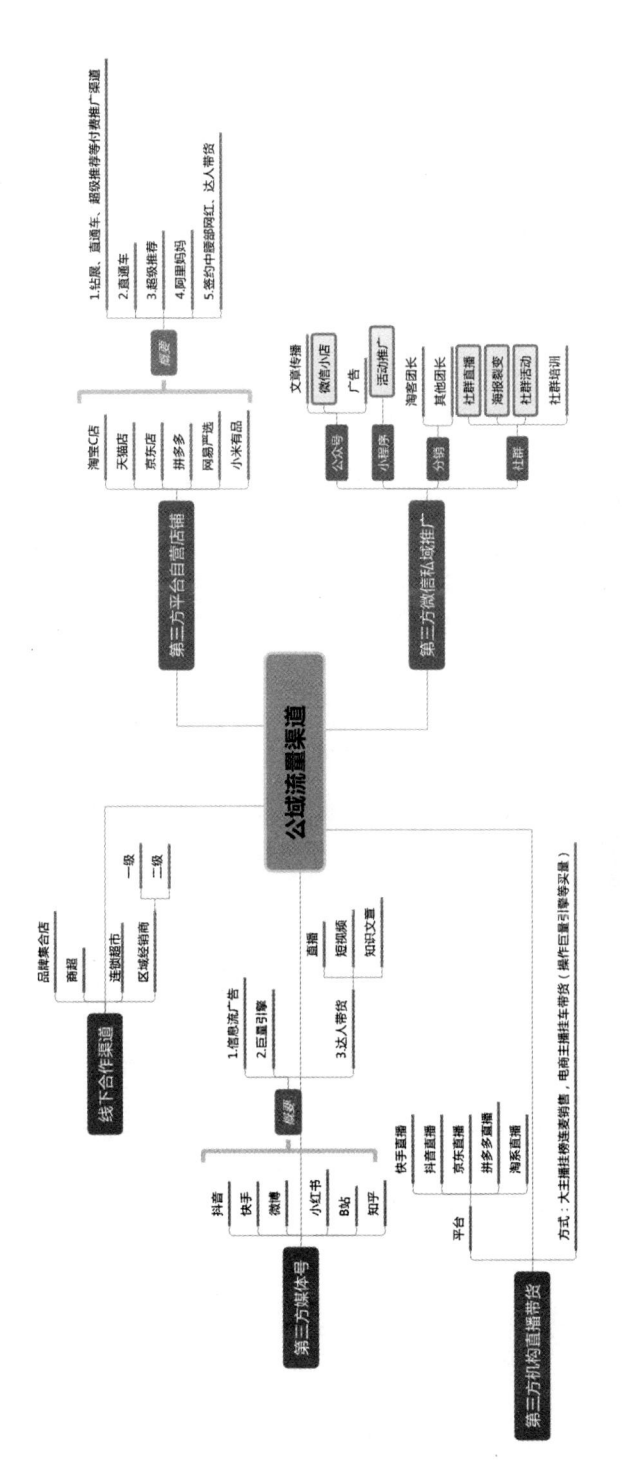

第 9 章 增长实战：业务、营收、成本一本账

图 9-7 公域流量渠道

全域营销：付费增长与流量变现实战讲义

私域电商店铺
- 淘宝C店
- 天猫店
- 京东店
- 拼多多
- 网易严选
- 小米有品

概要：
1. 钻展、直通车、超级推荐等付费推广渠道
2. 直通车
3. 超级推荐
4. 阿里妈妈
5. 签约中腰部网红、达人带货

媒体号
- 抖音
- 快手
- 微博
- 小红书
- B站
- 知乎

概要：
1. 团队自营
2. 签约中腰部短视频、达人带货
3. 达人短视频、笔记、文章、问答等内容"种草"，强化用户认知
4. 巨量引擎
5. 流量置换、联名、U先计划、校园派样等等活动

私域流量渠道

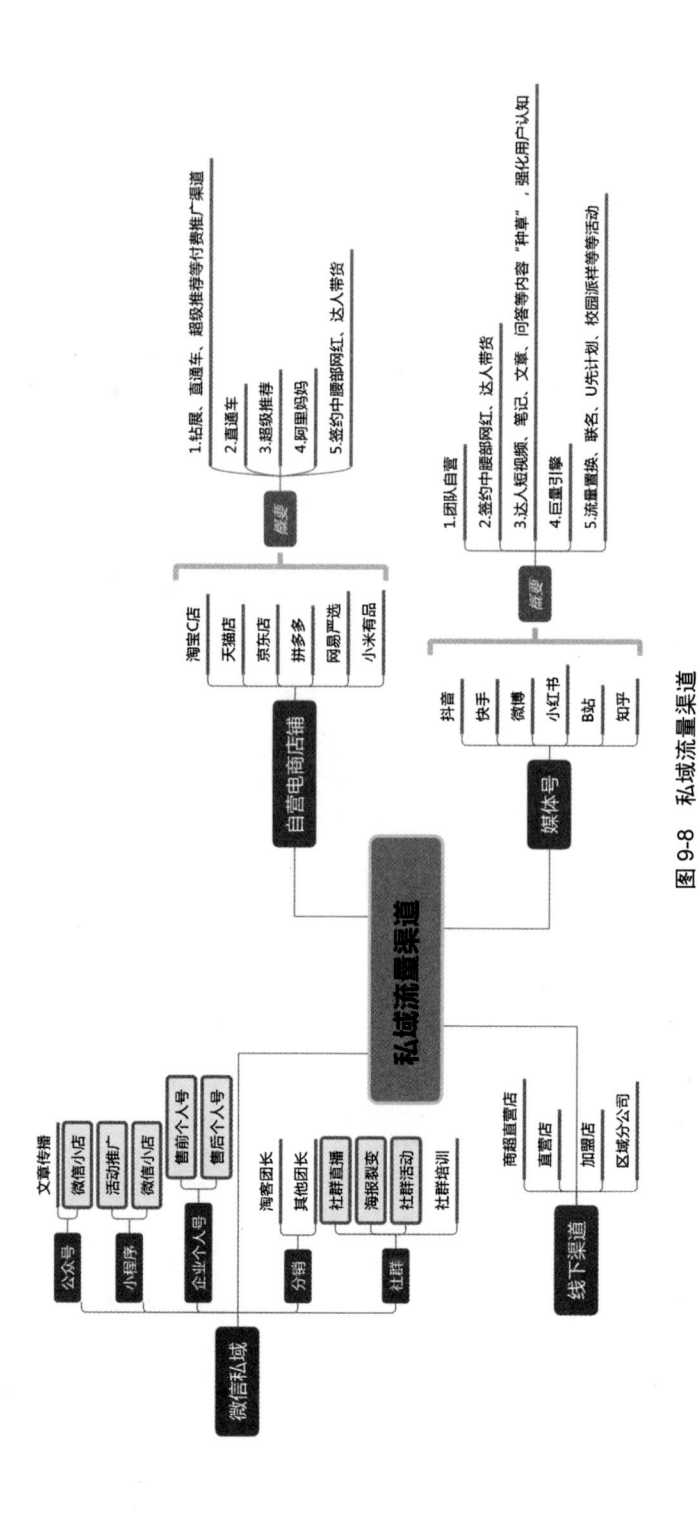

微信私域
- 公众号
  - 文章传播
  - 微信小店
- 小程序
  - 活动推广
  - 微信小店
- 企业个人号
  - 售前个人号
  - 售后个人号
- 分销
  - 淘客团长
  - 其他团长
- 社群
  - 社群直播
  - 海报裂变
  - 社群活动
  - 社群培训

线下渠道
- 商超直营店
- 直营店
- 加盟店
- 区域分公司

图 9-8 私域流量渠道

190

通过计算（总 GMV-渠道投放费用=渠道毛利），可以看到 6 月市场渠道投放费用占总 GMV 的 38%，到了 12 月该比例下降到 24%（参见图 9-9）。因此，提高低成本私域流量渠道的销售额，能够降低整体市场流量渠道的费用占比，提高整体渠道的 ROI（投入产出比）。

一级	二级	三级	6月	7月	8月	9月	10月	11月	12月	汇总
总GMV	GMV		¥3,000,000	¥4,200,000	¥5,880,000	¥8,232,000	¥11,524,800	¥15,558,480	¥21,003,948	¥69,399,228
	订单量		60,000	67,200	70,560	76,832	107,565	136,915	196,037	715,109
	平均客单价		¥50	¥63	¥83	¥107	¥107	¥114	¥107	¥97
分渠道GMV	公域流量渠道	GMV	¥2,850,000	¥3,780,000	¥4,704,000	¥6,174,000	¥8,067,360	¥10,113,012	¥12,602,369	¥48,290,741
		总GMV占比	95.0%	90.0%	80.0%	75.0%	70.0%	65.0%	60.0%	69.6%
		订单量	57,000	60,480	56,448	57,624	75,295	88,995	117,622	513,464
		总订单量占比	95.0%	90.0%	80.0%	75.0%	70.0%	65.0%	60.0%	71.8%
	私域流量渠道	GMV	¥150,000	¥420,000	¥1,176,000	¥2,058,000	¥3,457,440	¥5,445,468	¥8,401,579	¥21,108,487
		总GMV占比	5.0%	10.0%	20.0%	25.0%	30.0%	35.0%	40.0%	30.4%
		订单量	3,000	6,720	14,112	19,208	32,269	47,920	78,415	201,644
		总订单量占比	5.0%	10.0%	20.0%	25.0%	30.0%	35.0%	40.0%	28.2%
市场渠道推广成本	市场渠道投放费用	金额	¥1,140,000	¥1,512,000	¥1,881,600	¥2,469,600	¥3,226,944	¥4,045,205	¥5,040,948	¥19,316,296
		总GMV占比	38.0%	36.0%	32.0%	30.0%	28.0%	26.0%	24.0%	27.8%
	渠道毛利合计		¥1,860,000	¥2,688,000	¥3,998,400	¥5,762,400	¥8,297,856	¥11,513,275	¥15,963,000	¥50,082,932
	总GMV占比		62.0%	64.0%	68.0%	70.0%	72.0%	74.0%	76.0%	72.2%

图 9-9 渠道毛利数据

2. 完成流量渠道的市场预算表之后，需要完成销售成本表，核算产品成本、物流费、平台费、税费等，计算出销售利润。

（1）平台费、税费、物流费在 GMV 中的占比，基本保持稳定比例不变。

（2）售价为 30 元的引流产品，其进货成本占售价的比例为 70%，利润薄。当市场成本在商品销售总额中所占比例为 40%时，交易量上涨，物流费、渠道推广费等成本会同步上涨，进而造成销量越高、亏损越多的现象。为了解决这个问题，需要提高售价为 150 元的盈利产品的总 GMV 占比（参见图 9-10）。

（3）通过计算，截至 12 月，如果产品毛利（GMV-产品成本=产品毛利）的月度总 GMV 占比要达到 35%以上，那么售价为 150 元的盈利产品的月度总 GMV 占比至少需要达到 50%以上，售价为 30 元的引流产品的月度总 GMV 占比最低能降到 10%以内（参见图 9-10）。

一级	二级	三级	6月	7月	8月	9月	10月	11月	12月	汇总
	总GMV		¥3,000,000	¥4,200,000	¥5,880,000	¥8,232,000	¥11,524,800	¥15,558,480	¥21,003,948	¥69,399,228
分产品GMV	引流产品（售价¥30）	GMV	¥1,500,000	¥1,470,000	¥1,176,000	¥823,200	¥1,152,480	¥1,244,678	¥2,100,395	¥9,466,753
		总GMV占比	50.0%	35.0%	20.0%	10.0%	10.0%	8.0%	10.0%	14.0%
		成本=售价×70%	¥1,050,000	¥1,029,000	¥823,200	¥576,240	¥806,736	¥871,275	¥1,470,276	¥6,626,727
		成本总GMV占比	35.0%	24.5%	14.0%	7.0%	7.0%	5.6%	7.0%	9.6%
	高毛利产品（售价¥150）	GMV	¥1,500,000	¥2,730,000	¥4,704,000	¥7,408,800	¥10,372,320	¥14,313,802	¥18,903,553	¥59,932,475
		总GMV占比	50.0%	65.0%	80.0%	90.0%	90.0%	92.0%	90.0%	86.0%
		成本=售价×35%	¥525,000	¥955,500	¥1,646,400	¥2,593,080	¥3,630,312	¥5,009,831	¥6,616,244	¥20,976,366
		成本总GMV占比	17.5%	22.8%	28.0%	31.5%	31.5%	32.2%	31.5%	30.2%
	产品成本合计		¥1,575,000	¥1,984,500	¥2,469,600	¥3,169,320	¥4,437,048	¥5,881,105	¥8,086,520	¥27,603,093
	总GMV占比		52.5%	47.3%	42.0%	38.5%	38.5%	37.8%	38.5%	39.8%
	产品毛利		¥1,425,000	¥2,215,500	¥3,410,400	¥5,062,680	¥7,087,752	¥9,677,375	¥12,917,428	¥41,796,135
	总GMV占比		47.5%	52.8%	58.0%	61.5%	61.5%	62.2%	61.5%	60.2%

图 9-10　产品毛利数据

把表格数据转化成柱状图，可以看到 30 元引流产品的 GMV 与 150 元高毛利产品的 GMV 在 6 月时接近，从 7 月开始，高毛利产品的 GMV 持续增长（参见图 9-11）。

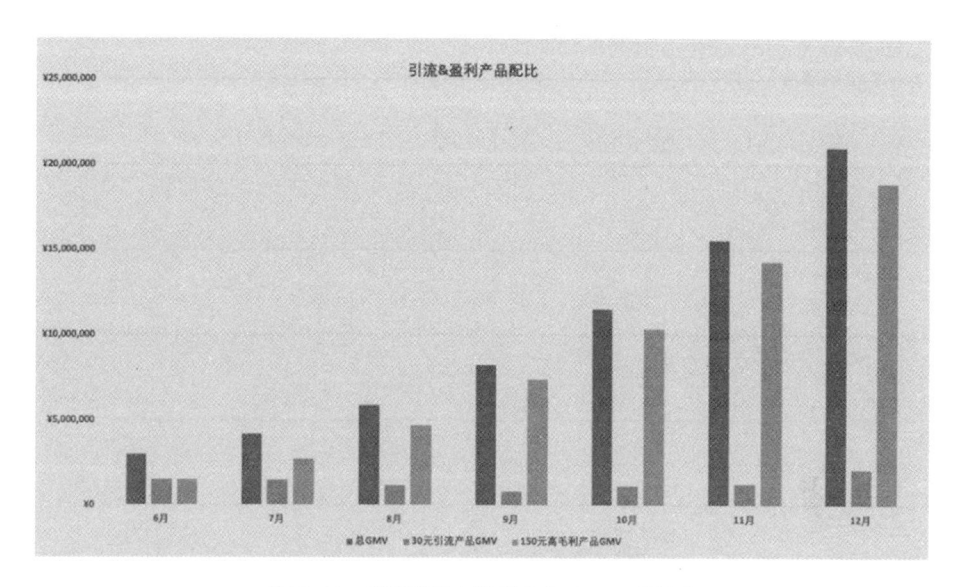

图 9-11 引流产品与盈利产品 GMV 对比图

以产品划分为维度，业务推广策略可以分为 3 个阶段，6 月为启动阶段，7~9 月为第二阶段，10~12 月为第三阶段（参见图 9-12）。

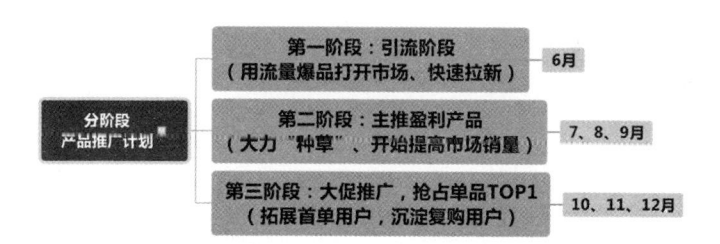

图 9-12 分阶段产品推广计划

第一阶段：引流阶段，用低价引流产品打开市场，快速拉新（参见图 9-13）。

第二阶段：主推盈利产品，大力"种草"、开始提高市场销量（参见图 9-14）。

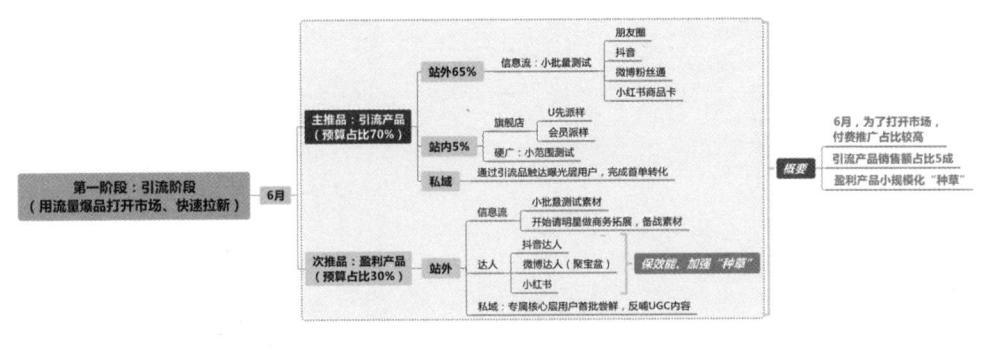

图 9-13 引流阶段

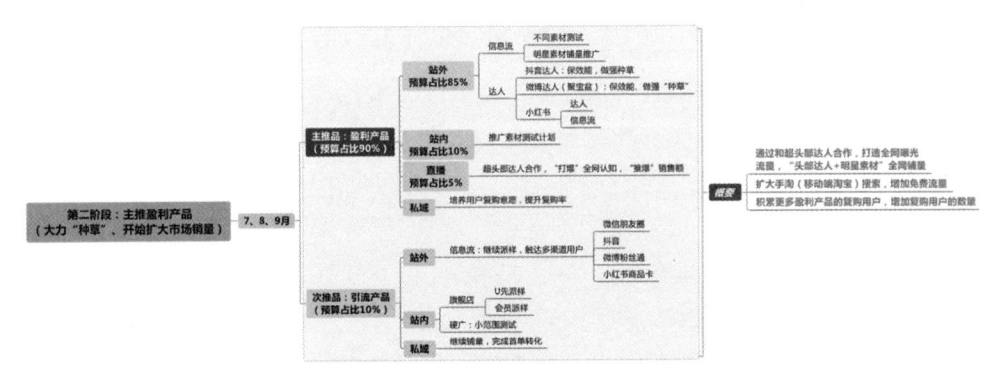

图 9-14 主推盈利产品阶段

第三阶段：大促推广，抢占单品 TOP1，同时拓展首单用户，沉淀复购用户（参见图 9-15）。

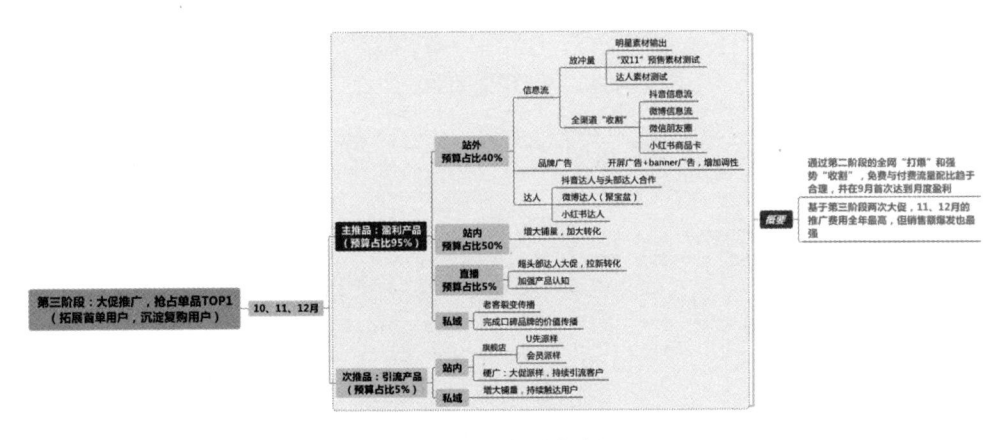

图 9-15 大促推广阶段

9.4 业务、营收与成本要素关系的可视化

第四步工作是整合市场预算表、销售成本表、运营成本表,三表合一,打通业务与财务数据,直观呈现销量、成本、毛利、净利润、时间等各要素间的关系,为业务优化提供数据支持。

1. 计算出销售毛利(月度GMV-销售成本=销售毛利)(参见图9-16)。

(1)市场渠道推广成本+产品成本+平台费+物流费+税费=销售成本。

(2)8月销售毛利达到月度总GMV的1%,实现扭亏为盈。

(3)9月销售毛利达到月度总GMV的6.5%,为10月净利润达到月度总GMV占比1%以上打好基础。

一级	二级	三级	6月	7月	8月	9月	10月	11月	12月	汇总
	总GMV		¥3,000,000	¥4,200,000	¥5,880,000	¥8,232,000	¥11,524,800	¥15,558,480	¥21,003,948	¥69,399,228
销售成本	市场渠道推广成本	月度成本合计	¥1,140,000	¥1,512,000	¥1,881,600	¥2,469,600	¥3,226,944	¥4,045,205	¥5,040,948	¥19,316,296
		总GMV占比	38.0%	36.0%	32.0%	30.0%	28.0%	26.0%	24.0%	27.8%
	产品成本	月度成本合计	¥1,575,000	¥1,984,500	¥2,469,600	¥3,169,320	¥4,437,048	¥5,881,105	¥8,086,520	¥27,603,093
		总GMV占比	52.5%	47.3%	42.0%	38.5%	38.5%	37.8%	38.5%	39.8%
	物流费	总GMV×7%	¥210,000	¥294,000	¥411,600	¥576,240	¥806,736	¥1,089,094	¥1,470,276	¥4,857,946
	平台费	总GMV×5%	¥150,000	¥210,000	¥294,000	¥411,600	¥576,240	¥777,924	¥1,050,197	¥3,469,961
	税点	总GMV×13%	¥390,000	¥546,000	¥764,400	¥1,070,160	¥1,498,224	¥2,022,602	¥2,730,513	¥9,021,900
	销售成本总计		¥3,465,000	¥4,546,500	¥5,821,200	¥7,696,920	¥10,545,192	¥13,815,930	¥18,378,455	¥64,269,197
	总GMV占比		115.5%	108.3%	99.0%	93.5%	91.5%	88.8%	87.5%	92.6%
销售毛利			(¥465,000)	(¥346,500)	¥58,800	¥535,080	¥979,608	¥1,742,550	¥2,625,494	¥5,130,031
总GMV占比			-15.5%	-8.3%	1.0%	6.5%	8.5%	11.2%	12.5%	7.4%

图9-16 销售毛利数据

2. 计算出运营成本（团队成本+固定成本=运营成本）(参见图9-17）。

（1）10月起，团队成本在毛利中的所占比例降到15%左右，完成目标。

（2）12月，团队人员达到29名。

（3）全年团队成本100万元整，未超出预算。

运营成本

一级	二级	三级	6月	7月	8月	9月	10月	11月	12月	汇总
	总GMV		¥3,000,000	¥4,200,000	¥5,880,000	¥8,232,000	¥11,524,800	¥15,558,480	¥21,003,948	¥69,399,228
	销售毛利		(¥465,000)	(¥346,500)	¥58,800	¥535,080	¥979,608	¥1,742,550	¥2,625,494	¥5,130,031
运营成本	团队成本	人数	5	6	8	12	15	25	29	100.00
		工资 人均¥10,000	¥50,000	¥60,000	¥80,000	¥120,000	¥150,000	¥250,000	¥290,000	¥1,000,000
		销售毛利占比	-10.8%	-17.3%	136.1%	22.4%	15.3%	14.3%	11.0%	19.5%
		人均产值	¥600,000	¥700,000	¥735,000	¥686,000	¥768,320	¥622,339	¥724,274	¥693,992
	固定成本	行政、房租等	¥30,000	¥30,000	¥30,000	¥30,000	¥50,000	¥50,000	¥50,000	¥270,000
	成本合计		¥80,000	¥90,000	¥110,000	¥150,000	¥200,000	¥300,000	¥340,000	¥1,270,000
	GMV占比		2.7%	2.1%	1.9%	1.8%	1.7%	1.9%	1.6%	1.8%

图9-17 运营成本数据

3. 计算净利润（总GMV–销售成本–运营成本=净利润）(参见图9-18）。

（1）10月，完成净利润达到月度总GMV占比1%以上的目标。

（2）12月，净利润达到月度总GMV的10.9%，以多出接近6%的月度总GMV占比超额完成目标。

（3）12月，完成月度2000万元销售额的目标。

（4）6~12月，净利润总额达到GMV的5.6%，完成净利润率达到1%以上目标。

总GMV-销售成本-运营成本＝净利润

一级	二级	三级	6月	7月	8月	9月	10月	11月	12月	汇总
	总GMV		¥3,000,000	¥4,200,000	¥5,880,000	¥8,232,000	¥11,524,800	¥15,558,480	¥21,003,948	¥69,399,228
综合成本	销售成本合计		¥3,465,000	¥4,546,500	¥5,821,200	¥7,696,920	¥10,545,192	¥13,815,930	¥18,378,455	¥64,269,197
	运营成本合计		¥80,000	¥90,000	¥110,000	¥150,000	¥200,000	¥300,000	¥340,000	¥1,270,000
	成本总计		¥3,545,000	¥4,636,500	¥5,931,200	¥7,846,920	¥10,745,192	¥14,115,930	¥18,718,455	¥65,539,197
	总GMV占比		118.2%	110.4%	101.9%	95.5%	93.2%	90.7%	89.1%	94.4%
	净利润		(¥545,000)	(¥436,500)	(¥51,200)	¥385,080	¥779,608	¥1,442,550	¥2,285,493	¥3,860,031
	总GMV占比		-18.2%	-10.4%	-0.9%	4.7%	6.8%	9.3%	10.9%	5.6%

图 9-18 净利润数据

9.5 业务优化和调整

结合以上数据，在品牌、渠道、产品、团队、资金等维度进行业务优化和调整。

最后的净利润表，验证了渠道、产品计划的正确性。看着呈现出来的业务、营收、成本一本账的营收模型，朋友拍着大腿说："以前怎么没想到把这些串联在一起！"

不是所有的企业经营者都具备把业务和财务打通的大数据思维，有些经营者只顾闷头向前冲，忽略了对成本的控制；有些经营者一味管控成本，不敢在市场上有更大的投入，进而错失扩大市场规模的良机；甚至有经营者，以为有了财务人员，连资产负债表都可以不看，更不用提把业务、营收、成本做成一本账。

有了这个一本账的大数据模型，企业经营者能够更好地调整市场和产品策略、优化团队组织结构，更有效地运用好手上的资金。更重要的是，该模型让企业的发展目标有了可靠的数据依据，当数据出现异常时，经营者能够第一时间发现存在的问题，帮助企业尽可能地避开发展道路上的风险。